中国-东盟法律研究中心 ── 重庆市人文社会科学重点研究基地

最高人民法院东盟国家法律研究基地

>> 本书是中国-东盟法律研究中心规划课题成果

中國—东盟法律评论

CHINA-ASEAN LAW REVIEW

【第十三辑】

■ 主　编: 张晓君

■ 副主编: 徐忆斌

■ Chief Editor: Zhang Xiaojun

■ Associate Editor: Xu Yibin

厦门大学出版社 XIAMEN UNIVERSITY PRESS

国家一级出版社
全国百佳图书出版单位

中國—东盟法律评论

韩柠滨

Bình luận pháp luật Trung quốc - Asean.

越南—中国—东盟法律信息咨询中心主任陈大兴用越南文字为
《中国—东盟法律评论》题写刊名

Journal Undang Undang Asean-China

冯正仁

马来西亚联邦法院前大法官、第五届"中国—东盟法律合作与发展高层论坛"
组委会主席冯正仁先生以马来语为《中国—东盟法律评论》题写刊名。

柬埔寨司法部大臣昂翁·瓦塔纳用高棉语为《中国—东盟法律评论》题写刊名

China. ASEAN Legal
Research Centre plays
vital role in legal
communication and
cooperation between
China and Myanmar

17.12.16

H.E. Mr. Win Myint
Deputy Attorney General
Union Attorney General's Office
Republic of the Union of Myanmar

前缅甸联邦最高检察院副检察长吴温敏为中心题词

Many thanks for
China-ASEAN Legal Research Center
to provide the Stренthing legal Coperation
between Indonesia and China

Nanning. China
6th. Dec. 2017
Indonesia Attorney General
H. M PRASETYO

前印尼最高检总检察长 穆罕默德·普拉赛特为中心题词

中国—东盟法律研究
中心：

法学之花盛开！

徐步诚
驻东盟大使
二〇二四年二月七日

Advisory Committee

■China

Zhang Mingqi	Vice President and Secretary General of the China Law Society
Fu Zitang	President of Southwest University of Political Science and Law
Wang Han	Vice President of Northwest University of Political Science and Law
Yang Guohua	Professor of School of Law, Tsinghua University

■ASEAN Countries

Chan Sotheavy	Secretary of State of Ministry of Justice of Cambodia
Colin Ong	President of Arbitration Association of Brunei Darussalam
Maitree Sutapakul	Justice of the Supreme Court of Thailand
Muhammad Hatta Ali	Former President of the Indonesian Supreme Court
Tan Sri James Foong	Former Justice of the Federal Court of Malaysia
U Win Myint	Former Deputy Attorney General of the Union of Myanmar
Chaleuan Yapaoher	Former Minister of Prime Minister's Office of Laos and Governmental Spokesman

编 者 按

随着中国与东盟经贸往来的不断深化,中国—东盟区域与国别的法治发展日新月异。中国—东盟全面战略伙伴关系的建立,为中国—东盟法治交流与合作提供了新契机,将进一步促进双边法治互鉴,成就"一带一路"法治建设中的典范。因此本辑评论将主题设定为"一带一路"背景下中国—东盟区域与国别法治建设新发展专刊,共收录由中国和东盟学者所撰写的九篇论文,内容涵盖"一带一路"法治建设、中国—东盟区域法治问题、东盟地区国别法治发展及会议综述四个专题,对当下"一带一路"法治合作及中国—东盟区域与国别法治建设中的热点与难点问题进行了探索与研究。

专题一为"一带一路"法治建设的相关研究,包括三篇文章。西南政法大学教授杨丽艳撰写的《"一带一路"倡议下中国—东盟数字贸易协定拟定研究》一文,从借鉴视角阐述了数字贸易的美国模式、数字贸易的欧盟模式,探究了数字贸易的中国模式,并且结合中国在世界贸易组织的电子商务谈判方案,提出了中国—东盟的数字贸易协定拟定的政策和法律路径。西南政法大学副教授张辉的文章《"一带一路"区域环境治理体系的构建》,围绕"一带一路"区域亟待建立区域环境治理体系来应对跨区域环境问题这一主题,通过阐述"一带一路"建立区域环境治理体系的必要性和基本原则,分析"一带一路"区域环境治理在实践中存在的问题,探讨了区域环境治理体系中的构建要素、主导机构、法律体系和监管机构。西南政法大学国际法学院博士研究生杨慧的文章《喜马拉雅条款实用主义倾向对陆海新通道法律的启示与影响》结合案例分析了喜马拉雅条款的逐步演化,指出喜马拉雅条款的实用主义倾向能够更好地平衡各方当事人的整体利益,满足商业实践的需要,促进海运业以及多式联运业的稳定发展,对于陆海新通道规则有一定的启示和影响。

专题二为中国—东盟区域法治问题,包括三篇文章。西南政法大学教授、博士生导师肖军的文章《加强中国—东盟反恐情报领域合作:现状、问题与出路》，以情报为切入点研究了中国—东盟及其成员国应对恐怖主义合作体系的现状及问题，为构建中国—东盟应对恐怖主义犯罪情报框架提供了建议。西南政法大学国际法学院讲师、硕士生导师陈喆与西南政法大学国际法学院硕士研究生张子鸢合撰的文章《中国企业投资缅甸经济特区面临的风险及应对》研究了中国企业在缅甸经济特区投资面临的一系列障碍和风险，为中国企业投资缅甸经济特区提供了诸如妥善处理与政府、议会、地方武装势力、非政府组织和媒体等利益主体之间的关系，并避开武装冲突高发区进行投资，以规避政治风险等方面的应对建议。西南政法大学国际法学院博士研究生亢婧的文章《"一带一路"倡议下中国对缅甸投资法律风险及对策》指出中国投资者在缅甸面临的法律制度不健全、司法环境不乐观、国家行为风险高等法律风险，提出诸如中国对缅甸的投资需要树立法律风险防范意识；完善投资政策，保护自身合法权益；合理利用国际投资争端解决规则，科学评估争端解决体系，促进中缅实现互利共赢、经济持续发展等方面的对策建议。

专题三为东盟地区国别法治发展，包括两篇文章。上海交通大学博士生Chou Meng（孟周）所撰写的《柬埔寨保险立法之探讨与完善》一文，指出了柬埔寨《保险合同法》中存在的诸如立法者定义保险利益时模糊不清，导致适用法律的困难；对于保险人的说明义务和投保人的如实告知义务，立法者设计得不够全面、清晰，导致未能有效实现保险保障功能的立法目标等问题并提出了相关完善建议。西南政法大学国际法学院硕士研究生关睿涵所撰写的《马来西亚法治建设评估》一文围绕马来西亚的立法、执法、司法三个方面并结合其政治、经济、文化、宗教特征阐释了马来西亚的法治建设现状及问题，并针对问题提出相应的建议，初步形成全方位的法治建设图像。

专题四为会议综述。西南政法大学副教授、硕士生导师徐忆斌撰写的《第三届中国—东盟法学院院长论坛综述》，全面介绍了2021年12月18日在重庆市人民政府外事办大楼多功能厅隆重举办的，由西南政法大学与重庆对外文化交流协会主办，中国—东盟法律研究中心与西南政法大学国际法学院共同承办，教育部中外人文交流中心、重庆市人民政府外事办公室、重庆市教育委员会等单位予以支持的第三届中国—东盟法学院院长论坛的相关情况。

目　录

专题一

"一带一路"法制建设

"一带一路"倡议下中国—东盟数字贸易协定拟定研究

杨丽艳 *

摘要：中国—东盟数字贸易协定是中国与东盟在"一带一路"倡议下需要新近考虑的国际合作内容，这个合作是必要和必须的，可以为双方带来福祉，也可以使中国的数字经济以及数字贸易得到进一步发展。文章从借鉴视角阐述了数字贸易的美国模式、数字贸易的欧盟模式，探究了数字贸易的中国模式，并且结合中国在世界贸易组织的电子商务谈判方案，提出了中国—东盟的数字贸易协定拟定的政策和法律路径。

关键词："一带一路"；中国—东盟自由贸易区；数字贸易；国际协定

2001年，中国加入世界贸易组织（WTO），2002年，中国就与东盟（ASEAN）开启了自由贸易区（FTA）的谈判。截至2009年，中国与东盟陆续签署了包括早期收获计划、货物、服务、投资、争端以及全面经济合作协议在内的6个协议。依照协定，2010年1月1日，中国与"东盟老六国"（指东盟成立之初的成员国：马来西亚、菲律宾、新加坡、印度尼西亚、文莱以及泰国）自由贸易区正式建成。2015年，中国与东盟新四国（老挝、柬埔寨、越南和缅甸）全部建成自由贸易区。截至2020年，中国与东盟各国双边货物、服务贸易高速增长，产业链、价值链深度融合，自由贸易区用"黄金十年"塑造

---

* 杨丽艳，西南政法大学中国—东盟法律研究中心教授。本文系校级项目（2013-XZRCXM007）、国家社科基金（20FFXB063）系列成果。

了世界经贸新格局。① 基于此,可以说,中国—东盟自由贸易区开创了中国建立自由贸易区的先河,为中国构建全方位对外开放格局做出重要探索,对于"一带一路"倡议的有效实施也起到了制度示范作用。但是值得注意的是,中国—东盟自由贸易区的贸易仍然是以货物、服务贸易以及投资等传统方式进行,即以 2002—2009 年中国与东盟所签署的一系列协定②作依据进行的贸易和投资,虽然 2015 年经过协商升级了部分原来的协议。在当前中美关系恶化、疫情前景不明的状况下,若通过磋商谈判签署中国与东盟之间的数字贸易协定定会带来新的合作与收益,同时也可能带来新的制度示范作用。尽管作为规则,成型的数字贸易协定已经在世界范围内出台了不少,但是中国与东盟之间的数字贸易协定的签订,目前尚未进入人们的研究视域,更遑论进入立法阶段。这样的规则滞后状况,是不适合中国与东盟的经济合作和发展的。因此,本文试图探讨中国与东盟之间的数字贸易协定的可能的模式和规则的选择。

一、推进中国—东盟自贸区数字贸易协定签署的重要意义

(一)进一步提升双方的经济合作层次,给双方带来福祉

2020 年是中国—东盟贸易逆势丰收的一年。中国海关总署发布的数据显示,2020 年东盟超过欧盟,跃升为中国最大货物贸易伙伴,这是东盟继 2019 年超过美国成为中国第二大贸易伙伴后的又一突破。2020 年,中国—东盟进出口总额达 4.74 万亿元,同比增长 7%。按美元统计,双方贸易达 6846.0 亿美元,增长 6.7%。表现出贸易增速较快、结构均衡、亮点鲜明等特征。2020 年中国对东盟出口增长率(6.7%)和自东盟进口增长率(6.6%)基本持平,机电产品占双方贸易一半以上。特别是疫情刺激了数字经济蓬勃发展,双方电子制造产业联系愈加紧密,集成电路等进出口规模不断攀升。加上中国政府

---

① 中国—东盟自由贸易区框架内已取消 7000 种产品关税,90% 以上商品实现零关税。2002 年自由贸易区启动建设时双方贸易额只有 548 亿美元,2019 年突破 6000 亿美元。http://www.gov.cn/xinwen/2020-11/26/content_5565005.htm,最后访问时间: 2021 年 2 月 20 日。

② 参见 http://fta.mofcom.gov.cn/dongmeng_phase2/dongmeng_phase2_special.shtml,最后访问时间:2021 年 1 月 30 日。

已经与东盟其他 10 个成员国政府签订了"一带一路"相关合作文件,也具备了谈判、签署数字贸易协定的良好基础。疫情之下,数字经济发挥了难以替代的作用,2020 年是中国—东盟数字经济合作年,在 5G、电子商务、远程教育以及远程医疗等方面都可以进行合作。我国在此时提出商议签署双方数字贸易协议,是一个不错的时机。

(二)在数字贸易规则制定上做一个新的尝试,提升中国参与全球治理能力

数字经济将会是世界经济未来的一部分,目前已经显示出巨大的优势。中国是数字经济领域电子商务和物联网发展的大国,在规则制定上不仅要保护这些已经具有优势的产业,同时也要制定促进该领域其他产业发展的规则,如区块链技术,人工智能和与云计算相关的研发和创新;收集数据并将这些数据转换为数字智能创造,获取巨大使用价值;力推全球数字治理概念,如跨境数据的规制如何兼顾数据流动自由化与个人隐私、国家安全以及东道国税收等,数字经济及其产业链的建立与当今国际投资、国际贸易等规则的融合及创新,平衡所涉人权、争端解决等等机制,逐渐建立一个中国数字经济规则的模式,以此模式主导规则制定方向,影响世界贸易组织改革方向,使数字经济规则协议外溢化,表现出中国的全球治理能力。这既是中国的职责也是中国的挑战。

(三)为避免中国被边缘化,以中国—东盟数字贸易协定作为契机,突破正在加速的全球数字贸易"联盟化"的趋势①,或新阶段的经济一体化

全球数字贸易"联盟化"或新阶段的经济一体化是指世界上的许多国家通过区域或双边条约协定的形式,在跨境数据流动、源代码、个人信息保护、人工智能、金融科技等方面,达成了标准互认和具备系统互操作性的国际框架。②在世界贸易组织通报的区域贸易协定(RTA)里,截至 2017 年 5 月,向 WTO 通报并生效的 RTA 共有 275 个,其中 75 个包含电子商务条款,占比约为

---

① 陈红娜:《国际数字贸易规则谈判前景与中国面临的挑战》,载《新经济导刊》2021 年第 1 期。

② 产联院:《数字经济协议:经济联盟的新阶段》,https://www.criii.org/news/shuzi-jingji/数字经济协议:经济联盟的新阶段,最后访问时间:2021 年 7 月 11 日。

27.3％。其中，在2014—2016年间生效的RTA中，这一比例已高达60％^①，包括2016年的跨太平洋伙伴关系协定（TPP）这一巨型RTA，其中的电子商务规则已经比较全面。至2019年后，在RTA里出现了包括电子商务在内的数字贸易规则：如美国和日本于2019年10月7日签订的《美国-日本数字贸易协定》，新加坡、新西兰、智利于2020年6月13日签订的《新加坡-智利-新西兰数字经济伙伴关系协定》，2020年3月生效的《澳大利亚-中国香港自由贸易协定》，2020年7月1日生效的《美国-墨西哥-加拿大协定》（以下简称《美加墨协定》）。还有2021年6月澳大利亚与英国签署的自由贸易框架协定，其中也包括了数字贸易协定，显示了两国将在数据创新、新兴技术以及数字标准的开发和采用方面进行合作。^② 2021年7月13日，据彭博新闻报道，美国正在酝酿一项涵盖印太经济体的数字贸易协议提案，该协议可能包括澳大利亚、加拿大、智利、日本、马来西亚、新西兰和新加坡等国家，其内容包括为数字经济制定标准，包括数据使用规则、贸易便利化和电子海关安排。^③

2021年的后疫情时期，数字经济发展愈发强劲，世界经济愈发依靠数字经济。各国都积极发展数字贸易，我国也采取了许多措施，如2020年11月15日签署、2021年3月22日批准的《区域全面经济伙伴关系协定》（Regional Comprehensive Economic Partnership，RCEP），其中包括电子商务协定，尽管与当今美式数字贸易规则有区别。2021年7月2日，国务院办公厅印发《关于加快发展外贸新业态新模式的意见》^④，其中提到了要积极支持运用新技术新工具赋能外贸发展，即推广数字智能技术应用，运用数字技术和数字工具，推动外贸全流程各环节优化提升，完善跨境电商发展支持政策，扎实推进跨境电子商务综合试验区建设，等等。但是，如果要有效避免被边缘化，还是要以区域贸易协定的方式订立能够体现出当今我国数字经济发展水平的高水平规

---

① José-Antonio Monteiro and Robert Teh, *Provisions on electronic commerce in regional trade agreements*, World Trade Organization, June 2017, pp.5-6.

② 澳大利亚外交及贸易部官方网站，https://www.dfat.gov.au/trade/agreements/negotiations/aukfta/australia-uk-fta-negotiations-fact-sheet＃digital，最后访问时间：2021年7月11日。

③ *Biden can win friends and influence with a digital trade deal*, https://www.bloomberg.com/opinion/articles/2021-07-13/biden-can-win-friends-and-outflank-china-with-an-indo-pacific-digital-trade-deal.最后访问时间：2021年7月17日。

④ 《国务院办公厅关于加快发展外贸新业态新模式的意见》，http://www.gov.cn/zhengce/content/2021-07/09/content_5623826.htm，最后访问时间：2021年7月11日。

则。具体而言,就是在 RCEP 电子商务协定的基础上,与东盟十国订立一个高水平的数字贸易的协定。2021 年 7 月 16 日,习近平主席在亚太经合组织领导人非正式会议上视频发言,"要拆墙而不要筑墙,要开放而不要隔绝,要融合而不要脱钩",继续"推动数字互联互通合作",深化区域经济一体化,全面平衡落实亚太经合组织互联网和数字经济路线图,加强数字基础设施建设。2021 年 10 月习近平主席再次提出了"数字丝绸之路"的设想。2021 年 10 月 13 日,商务部等 24 个部门印发了《"十四五"服务贸易发展规划》,首次将"数字贸易"列入服务贸易发展规划,明确了未来一个时期我国数字贸易发展的重点和路径。规划提出要大力发展数字贸易,推进服务外包数字化高端化,促进传统服务贸易数字化转型,建立健全数字贸易治理体系。2021 年 10 月 30 日,习近平主席宣布决定申请加入《数字经济伙伴关系协定》(DEPA)①,旨在加强与各国在数字贸易领域的合作,并探索数字贸易新领域,如数字身份、电子支付和人工智能。

二、数字经济核心概念及其对数字贸易规则的影响

数字贸易规则与数字经济、数字贸易以及电子商务三个近几年来频繁被人们使用的词密切相关。为使读者更好地理解本文,有必要对这几个词做如下的解释、比较以及影响的分析。

(一)数字经济的概念及其影响

数字经济这一概念的提法首先来自美国学者尼葛洛庞蒂的《数字化生存》一书中的数字化概念,1996 年美国学者泰普斯科特在《数字经济时代》中正式提出数字经济概念,1998 年、1999 年、2000 年美国商务部先后出版了名为《浮

---

① 《数字经济伙伴关系协定》(Digital Economy Partnership Agreement,以下简称 DEPA)是新西兰、新加坡和智利于 2020 年 6 月 12 日签署的。2021 年 1 月 7 日,DEPA 在新西兰和新加坡之间生效。智利则是在 2021 年 8 月刚刚完成议会批准程序,DEPA 对智利而言将在 2021 年 11 月 23 日生效。DEPA 文本涵盖了 16 个模块,考虑了数字经济和电子商务的各个方面。

现中的数字经济》(*Emerging Digital Economy*)(Ⅰ,Ⅱ)①和《数字经济 2000》(*Digital Economy* 2000)②的研究报告。世纪之交数字经济概念出现、传播,并被广泛接受。数字经济是以数字化的知识和信息为关键生产要素,以数字技术创新为核心驱动力,以现代信息网络为重要载体,通过数字技术与实体经济深度融合,不断提高传统产业数字化、智能化水平,加速重构经济发展与政府治理模式的新型经济形态。数字经济包括数字产业化和产业数字化两大部分。③ 数字经济由通过数字技术进行或促进的经济活动组成。新西兰生产力委员会最近表示,由于数字化已成为我们日常生活的一部分,"几乎没有什么可以将数字经济与更广泛的经济区分开来;换句话说,数字经济就是经济"④。澳大利亚政府将数字经济定义为"由信息和通信技术(例如,互联网、移动和传感器网络)支持的全球网络化的经济和社会活动"。在使用信息和通信技术,如网络、手机以及传感器网络等情况下,以上活动包括通信、金融交易、教育、娱乐和依靠计算机、手机以及其他设施进行商务业务等。⑤ 联合国贸易发展会议发布的《2019 年数字经济报告 价值创造和捕获:对发展中国家的影响》

---

① *Emerging Digital Economy* (Ⅰ, Ⅱ), Commerce Department of USA, https://www. commerce. gov/sites/default/files/migrated/reports/emergingdig _ 0. pdf, https://www. commerce. gov/sites/default/files/migrated/reports/ede2report_0.pdf, last accessed on February 14, 2021.

② *Digital Economy* 2000, Commerce Department of USA, https://www. commerce. gov/sites/default/files/migrated/reports/digital_0.pdf, last accessed on February 14,2021.

③ 数字经济的构成包括两大部分:一是数字产业化,也称为数字经济基础部分,即信息产业,具体业态包括电子信息制造业、信息通信业、软件服务业等;二是产业数字化,即使用部门因此而带来的产出增加和效率提升,也称为数字经济融合部分,包括传统产业由于应用数字技术所带来的生产数量和生产效率提升,其新增产出构成数字经济的重要组成部分。参见中国信息通信研究院:《中国数字经济发展白皮书》(2017),载中国国家互联网信息办公室网站,http://www.cac.gov.cn/files/pdf/baipishu/shuzijingjifazhan.pdf,最后访问日期:2020 年 7 月 10 日。

④ What is "the digital economy" and "digital trade"? New Zealand Foreign Affairs & Trade, https://www. mfat. govt. nz/en/trade/free-trade-agreements/free-trade-agreements-concluded-but-not-in-force/digital-economy-partnership-agreement/what-is-the-digital-economy-and-digital-trade/, last accessed on July 15, 2020.

⑤ The concept of the digital economy, Australia Law Reform Commission, https://www.alrc.gov.au/publication/copyright-and-the-digital-economy-dp-79/3-policy-context-of-the-inquiry/the-concept-of-the-digital-economy/, last accessed on July 19,2020.

里也没有给出确切的定义,但是却指出了数字经济的定义在随着数字经济的发展而不断演变。① 因此,数字经济的概念还在发展中,在后疫情阶段,愈发显示出数字经济的定义随其作用的发挥在不断放大深入。同时,数字经济会更多地出现在各国的部门法以及缔结的数字贸易协定里,出现在各个相关的国际组织的文件里。当然,数字经济也会成为未来经济的主要方式。

(二)数字贸易的概念及其影响

数字贸易目前没有单一的、公认的定义,但经济合作与发展组织(OECD)报告认为,它涵盖了以数字为基础的商品和服务贸易交易,即"数字经济包含了所有依赖于数字输入或通过使用数字输入而表现强劲的经济活动,包括数字技术、数字基础设施、数字服务和数据。也就是指在他们的经济活动中,包括政府在内所有生产者和消费者利用数字输入的行动"。② 美国国际贸易委员会(USITC)在《美国和全球经济中的数字贸易》(第二次报告)中对数字贸易的定义是,通过信息网络传输完成产品服务的商业活动。③ 我国研究者提

---

① 在 20 世纪后期,分析主要涉及互联网的采用以及对互联网的经济影响的早期思考(Brynjolfsson 和 Kahin,2002;Tapcott,1996)。随着互联网使用的扩展,从 21 世纪初开始的报告越来越关注互联网经济可能出现和增长的条件。定义演变为一方面包括对不同政策和数字技术的分析,另一方面包括作为主要参与者的信息与通信技术(ICT, information and communications techndogy)和以数字为导向的公司的增长(OECD,2012a 和 2014)。随着发展中国家互联网连接的改善以及数字公司、产品和服务范围的扩大……在过去的几年中,讨论再次转移,更多地关注数字经济的技术、服务、产品和技能在各个经济体之间的传播方式。此过程通常称为数字化,定义为通过使用数字技术、产品和服务进行的业务过渡(Brennen 和 Kreiss,2014)。数字产品和服务正在促进更广泛领域的更快变化,而不是局限于以前一直关注的高科技领域(Malecki 和 Moriset,2007)。为了反映这一变化,最近的工作集中在"数字化"和"数字化转型"(即数字产品和服务越来越多地破坏传统部门的方式)上,探索各种跨部门的数字化趋势(经合组织,2016a 和 2017a;贸发会议,2017a)。参见 UNCTAD: *Digital Economy Report* 2019, https://unctad.org/en/PublicationsLibrary/der2019_en.pdf, last accessed on July 19 2020.

② 参见 OECD: Roadmap toward a Common Framework for Measuring the Digital Economy, https://www.oecd.org/going-digital/topics/measurement/, last accessed on February 14,2021.

③ Definition of Digital Trade, Digital Trade in the U.S. and Global Economies, Part 2,2014, p.29.参见 https://www.usitc.gov/publications/332/pub4485.pdf,最后访问时间:2021 年 7 月 20 日。

出,数字贸易是指贸易方式数字化和贸易对象数字化。其中,贸易方式数字化是指数字技术与国际贸易开展过程深度融合,带来贸易中的数字对接、数字订购、数字交付、数字结算等变化;贸易对象数字化是指以数据形式存在的要素、产品和服务成为重要的贸易标的,导致国际分工从物理世界延伸至数字世界。目前它的影响在于制造领域的服务型制造,商业领域的跨境电商,金融领域的金融科技,生活领域的在线视频、游戏,传统服务领域的在线教育和医疗等。①

(三)电子商务的概念及其影响

电子商务这个概念很早就出现了。早在 1998 年,WTO 在第二次部长会议上就设立了"电子商务工作计划",讨论与贸易相关的全球电子商务议题。在该计划项下定义了电子商务:"通过电子方式生产、分销、营销、销售或交付货物和服务。"②直到 2019 年 1 月,包括中国在内的 76 个成员在达沃斯召开的非正式部长级会议上仍然用"电子商务"的概念,即签署了《关于电子商务的联合声明》,共同发起电子商务议题的诸边谈判。值得一提的是,这时候不仅电子商务的发展已经一飞冲天,而且随着数字经济持续不断地发展③,电子商务不再限于原来的定义范围,业务已经发展为许多领域的数字化方面。贸易大国美国将电子商务的名称也改为了数字贸易,并且在自己主导的条约里确定了相应的系统规则④,即在《美加墨协定》(USMCA)里设立了第 19 章"数字贸易"。尽管两者有区别,但是目前来说"数字贸易"和"电子商务"仍还在互换使

---

① 参见中国信息通信研究院:《数字贸易发展与影响白皮书(2019 年)》,http://www.caict.ac.cn/kxyj/qwfb/bps/201912/t20191226_272659.htm,最后访问时间:2021 年 7 月 19 日。

② 参见 WTO 文件"Work Program on Electronic Commerce"(WT/L/274),https://docs.wto.org/dol2fe/Pages/SS/directdoc.aspx? filename = Q:/WT/L/274.pdf&Open = True,最后访问时间:2021 年 7 月 19 日。

③ 参见 WTO 文件"Work Program on Electronic Commerce"(WT/L/274),https://docs.wto.org/dol2fe/Pages/SS/directdoc.aspx? filename = Q:/WT/L/274.pdf&Open = True,最后访问时间:2021 年 7 月 19 日。

④ USMCA Agreement:Chapter 19 Digital Trade,Office of the US Trade Representative,https://ustr.gov/sites/default/files/files/agreements/japan/Agreement_between_the_United_States_and_Japan_concerning_Digital_Trade.pdf,last accessed on July 15,2020.

用。① 实际上,随着数字经济的发展②,电子商务已经被视为数字经济的一部分,它涵盖了在线买卖的商品和服务,包括通过平台公司(例如打车应用程序)进行的交易,如各类网约车公司、爱彼迎、WeWork(一个办公室租用网站平台)等通过网络的共享平台提供的车行、住宿以及办公室租用、线上支付等服务。联合国贸易和发展会议估计,2017 年电子商务的全球价值达到 29 万亿美元,相当于国内生产总值(GDP)的 36%。美国的电子商务位列世界第一,接近 9 万亿美元(88830 亿),日本接近 3 万亿美元(29750 亿),中国接近 2 万亿美元(19310 亿)。③ 正因为包括电子商务在内的数字贸易已经占据 GDP 的三分之一以上,经营范围从传统的货物售卖发展到服务售卖以及多种金融服务,扩展势头迅猛,为了保障和壮大美国的数字经济发展和数字贸易跨境发展,美国确定了数字贸易的规则,并且将其写进了双边贸易协定或者与美国有关的自由贸易协定,如《美加墨协定》《跨太平洋伙伴关系协定》《美日数字贸易协定》。

三、现行数字贸易规则及其特点分析

现行的数字贸易规则主要由两大部分构成:一是双边和多边的国际数字贸易的规则,二是国内法对数字贸易的规制。它们与国内数字贸易的政策以及数字经济产业及其价值追求一起成为数字贸易规则模式。其中,双边和多边的国际数字贸易的规则对于国际数字贸易产生了直接的影响,因此,人们一般都注重双边和多边的国际数字贸易的规则的研究。本文囿于篇幅,也主要选择美国、欧盟以及中国作为典型的"模版",结合近期 WTO 的电子商务谈判进展,试图为中国—东盟自由贸易区数字贸易协定的制定提供一个具有操作性的借鉴蓝本。

---

① The impact of digitalization on trade, OECD, https://www.oecd.org/trade/topics/digital-trade/, last accessed on July 15, 2020.

② 2019 年,我国数字经济增加规模达到 35.8 万亿元,占 GDP 比重达 36.2%。参见中国信息通信研究院《中国数字经济发展白皮书(2020 年)》前言部分,载中国信息通信研究院网站,http://www.caict.ac.cn/kxyj/qwfb/bps/202007/P020200703318256637020.pdf,最后访问时间:2021 年 7 月 19 日。

③ UNCTAD: Digital Economy Report 2019, pp.15-16. https://unctad.org/system/files/official-document/der2019_en.pdf, last accessed on July 20, 2020.

（一）美国的数字贸易规则模式

数字贸易规则的美国模式没有人提出来过,但是数字贸易规则的美国模板①在 2016 年有人撰文提出来过,但该文并没有解释这一模板包括哪些内容,从所论述的内容看主要是美国的数字贸易规则。笔者以为,数字贸易规则的美国模式既包括美国数字贸易规则文本,也包括美国国内对数字贸易的规制、国内数字贸易的政策以及后面的数字经济产业及其价值追求。

1.现行美国数字贸易规则文本

现行的数字贸易规则的文本,如果从电子商务与数字贸易仍然可以互换的角度溯源②,自 2000 年《美国-约旦自由贸易协定》开始包含第一个具有非约束力的"电子商务"章,到 2003 年美国—新加坡 FTA 中出现第一个具有法律约束力的电子商务章,再到 2015 年美国主导的《跨太平洋伙伴关系协定》中出现完整的"数字贸易"章,后来影响到《全面与进步跨太平洋伙伴关系协定》以及 2020 年 7 月 1 日生效的《美加墨协定》、2020 年 1 月 1 日生效的《美日数字贸易协定》,这些规则或协定几乎直接反映了美国数字贸易的意愿。随着自由贸易协定的轴辐作用,美国的数字贸易规则会随着美国庞大的数字贸易发挥重要的系统性的影响。虽然在 WTO 的电子商务谈判里,截至 2020 年 3 月,WTO 已收到有关电子商务谈判的提案近 50 份③,但是那毕竟还是提案,而且还主要限于电子商务。所以本文在此选取已经付诸实施的美国数字贸易规则:《美加墨协定》里的第 19 章数字贸易以及《美日数字贸易协定》作为美国模式的分析文本④。纵观这两个文本,具有如下几个特点:

第一、《美加墨协定》里的第 19 章数字贸易以及《美日数字贸易协定》两个

①　美国模式文本提法来自李杨、陈寰琦、周念利:《数字贸易规则"美式模板"对中国的挑战及应对》,载《国际贸易》2016 年第 10 期。

②　在近期的 WTO 电子商务谈判里成员大多未区分"电子商务"和"数字贸易"这两个概念。

③　参见世界贸易组织网站,https://www.wto.org/english/news_e/archive_e/ecom_arc_e.htm,最后访问时间:2020 年 7 月 26 日。

④　虽然《美日数字贸易协定》与《美加墨协定》以及《跨太平洋战略经济伙伴关系协议》(Trans-Pacific Partnership,TPP)中皆有数字贸易规则,但是其中前二者已经对于签约国生效,而 TPP 目前已经流产,故选择前二者。

文本互有承袭①。

第二,美式文本里推崇广泛的数字贸易范围,如在《美日数字贸易协定》第一条定义里(Article 1)里虽然没有数字贸易的定义,但是却在第 2 条里给出了该协定的适用范围"当事国采取或维持的通过电子手段(a party that affect trade by electronic means)影响贸易的措施"。② 美国的数字贸易规则看重贸易的数字性质,核心在于跨境数据流动,并不特意区分货物或服务贸易,倾向于用"数字贸易"术语取代"电子商务"。所以在规则的冠名上以"数字贸易"而命名之。同时,扩展数字贸易所规制的范围,如跨境数据的流动,数字贸易既可以是有形货物贸易,也可以是无形服务贸易。③ 范围的设置以负面清单形式提出:"本协定适用于当事方采取或维持的以电子方式影响贸易的措施。本协议不适用于:(a)政府采购;(b)为行使政府权力而提供的服务;要么(c)除第 20 条外,适用于某缔约方持有或代表一方持有或处理的信息,或与该信息有关的措施,包括与其收集有关的措施。"④

第三,美式数字贸易协定里并没有专门处置争端的条款。如在《美日数字贸易协定》里第 5 条第 3 款规定:"本协定的任何规定均不得解释为阻止一方采取由世贸组织争端解决机构授权的行动,包括维持或增加关税。"⑤

---

① 这一观点在周念利、吴希贤所著论文里有所体现。周念利、吴希贤:《美式数字贸易规则的发展演进研究——基于〈美日数字贸易协定〉的视角》,载《亚太经济》2020 年第 2 期。

② Agreement between the United States of America and Japan concerning digital trade, https://ustr.gov/sites/default/files/files/agreements/japan/Agreement_between_the_United_States_and_Japan_concerning_Digital_Trade.pdf.

③ 参见《美加墨协定》第 19 章里的 19.1:"数字产品:指计算机程序、文本、视频、图像、声音记录或其他经过数字编码,用于商业销售或发行并可以通过电子方式传输的产品。需要确定的是,数字产品不包括金融工具(包括货币)的数字化表示。注意:该定义不应理解为反映了缔约方关于数字产品是一种商品还是一种服务的观点。"

④ Article 2, Agreement Between The United States of America And Japan Concerning Digital Trade. 参见 Office of the United States Trade Representative,https://ustr.gov/sites/default/files/files/agreements/japan/Agreement_between_the_United_States_and_Japan_concerning_Digital_Trade.pdf, last accessed on July 30,2020.

⑤ Article 5.3., Agreement between the United States of America and Japan concerning digital trade. 参见 Office of the United States Trade Representative, https://ustr.gov/sites/default/files/files/agreements/japan/Agreement_between_the_United_States_and_Japan_concerning_Digital_Trade.pdf,last accessed on July 30,2020.

第四,两个文本中的规则体现了美国保护其数字贸易优势的价值取向:如在数字贸易协定之中涵盖有关源代码和算法知识产权保护条款以及对算法IP的保护;还尤其保护与数字贸易有关的数据安全传输。

第五,推崇数字贸易自由化价值观。如在"跨境服务贸易"章里引进数字贸易自由化的数项规则,具体有:(1)引入负面清单的承诺机制、排除烦琐的"当地存在"要求、减少或限制最惠国待遇等;(2)禁止将关税和其他歧视性措施应用于以电子方式分发的数字产品(电子书、视频、音乐、软件、游戏等);(3)确保可以跨境传输数据,并最大限度地减少对数据存储和处理的限制,从而增强和保护全球数字生态系统;(4)确保供应商不受电子认证或电子签名的使用限制,从而促进数字交易;(5)确保可实施的消费者保护,包括针对隐私和未经请求的通信的保护,这些都适用于数字市场;(6)限制政府要求公开专有计算机源代码和算法的能力,以更好地保护数字供应商的竞争力;(7)促进协作以应对网络安全挑战,同时寻求促进行业最佳实践以保持网络和服务安全;(8)促进对政府生成的公共数据的开放访问,以增强在商业应用程序和服务中的创新使用;(9)在知识产权执法范围之外,限制互联网络平台对此类平台托管或处理的第三方内容的民事责任,从而增强依赖于用户交互和用户内容的这些增长引擎的经济可行性。①

第六,将美国数字贸易规则的标准进一步扩展到新的条约里,即与日本的

---

① The United States-Mexico-Canada trade fact sheet modernizing nafta into a 21st century trade agreement, office of the United States trade representative:https://ustr.gov/trade-agreements/free-trade-agreements/united-states-mexico-canada-agreement/fact-sheets/modernizing, last accessed on July 30,2020.

数字贸易协议符合《美—墨—加贸易协定》制定的数字贸易规则的黄金标准[①]，同时不断推出创新规则，如禁止对以电子方式传输的数字产品（例如视频、音乐、电子书、软件和游戏）征收关税。确保数字产品的非歧视性待遇，包括税收措施的覆盖。确保所有部门的无障碍跨境数据传输。禁止数据本地化要求，包括对金融服务提供商的要求。禁止任意访问计算机源代码和算法。确保公司在产品中使用创新加密技术的灵活性，并将扩大在美国为领导者的地区的贸易。[②] 值得一提的是，2021 年宣布的《美国—肯尼亚自由贸易协定》将数字经济作为谈判问题之一。美国公布的谈判目标包括建立"最先进的规则，以确保肯尼亚不采取限制跨境数据流动的措施，并且不要求使用或安装本地计算设施"。将数据问题纳入未来的美国—肯尼亚双边协议意义重大，因为这将是非洲国家首次签署包含跨境数据自由流动承诺的协议。美国将该协议视为"美国与其他非洲国家自由贸易协定的典范"。[③]

第七，美式的数字贸易规则系列里尤其体现了核心的利益追求：(1)数字知识产权保护；(2)数字产品非歧视性待遇；(3)与数字贸易相关的税收。[④] (4)要求缔约方对数据自由流动和禁止数据本地化的约束性承诺，这在修订后

---

① 数字技术推动了全球贸易。但是，为了在现代经济中成长和繁荣，企业需要保护自己运营的数字贸易规则。通过《美加墨协议》，美国为现代贸易规则建立 21 世纪数字贸易的黄金标准，树立了新的重要先例，也因此展现了规则的全球领先地位。《美加墨协议》的数字贸易规则反映了数字贸易在美国以及北美经济中的重要性，促进了各种规模和行业的美国公司的技术进步，并巩固了北美作为尖端技术开发，制造和交付的首选目的地的地位。数据跨境流动，建立加密密钥或算法保护公司具有国际竞争力的宝贵商业秘密，防止跨国、跨部门公司依赖的技术产品和服务的高额关税。此外，《美加墨协议》确保诸如在线媒体或通信产品之类的增值服务不会受到传统电信法规的约束，这些法规会妨碍公司提供消费者所需的创新消息或视频流服务的能力，还建立了北美市场技术产品测试和认证程序的一致性，并促进了设备和其他设备的国际标准的使用。参见美国信息技术工业协会（ITI）网站，https://www.itic.org/news-events/techwonk-blog/the-united-states-is-poised-to-lead-on-digital-trade，最后访问时间：2020 年 7 月 30 日。

② Fact sheet on U.S.-Japan trade agreement，office of the United States trade representative，https://ustr.gov/about-us/policy-offices/press-office/fact-sheets/2019/september/fact-sheet-us-japan-trade-agreement，最后访问时间：2020 年 7 月 30 日。

③ *Digital Economic Report* 2021，https://unctad.org/system/files/official-document/der2021_en.pdf，最后访问时间：2021 年 10 月 27 日。

④ 周念利、吴希贤：《美式数字贸易规则的发展演进研究——基于〈美日数字贸易协定〉的视角》，载《亚太经济》2020 年第 2 期。

的《美加墨协定》(USMCA)体现得尤为突出。

综上所述，美国数字贸易规则的文本具有维护美国数字贸易的优势的功能，同时也将其规则作为数字贸易规则的黄金标准①，因此领先了全球数字贸易领域的规则治理，也为世界各国作出了规则的范例。

2.美国国内数字贸易的政策以及数字经济产业及其价值追求

数字贸易规则的美国模式除了包括上述美国数字贸易规则文本外，还包括了美国国内数字贸易的政策以及数字经济产业及其价值追求。美国对数字经济普遍采用自由市场方法，其中包括类似的跨境数据流动自由监管框架。因此，美国倾向于采用私人市场驱动的方法，旨在通过网络效应和收购来刺激创新并支持其数字公司的先发优势和随后的主导地位。在这种情况下，美国使用贸易协定来确保其公司不受限制地进入外国市场，例如，通过支持数据自由流动和禁止数据和服务器本地化要求等做法。正如美国国会研究服务报告所述，总的来说，美国采用市场驱动的方法，支持开放、可互操作、安全和可靠的互联网，促进在线信息的自由流动，当世界各地的用户与总部设在美国的公司互动时，这种方法使数据能够流回美国。② 同时，美国还想保持其在全球数字市场的领导地位并进一步扩展到新市场，迄今为止，其技术部门在开发数据驱动的产品和服务方面非常成功，这些产品和服务已渗透到世界上大多数市场。这创造了一个"正反馈循环"，意味着美国公司可以收集的数据越多，它们的数据产品就越好，因此它们在全球市场上取得成功的能力就越大。

可见，数字经济规则的美国模式具有如下特点：一是规制范围广，对于数字经济所涉及的现有的方面都有所及，表明了数字贸易规则会随着数字经济的发展而发展；二是体现了保护本国数字经济的优势的取向；三是体现了数字贸易优势以及保持其优势地位；四是体现促进数字贸易自由化的价值追求、规则全面而尽量缜密的特点；五是数字贸易的争端解决机制的设置。

应该指出的是，美国模式的数字经济的数据自由流动的推行，在许多发展中国家来说是有难度的，如体制不同，披露的数据会有限制，如何做到数字贸

---

① 美国与日本的数字贸易协议符合《美加墨协议》制定的数字贸易规则的黄金标准，并将在美国为领导者的地区扩大贸易。参见 Office of the United States Trade Representative, https://ustr. gov/about-us/policy-offices/press-office/fact-sheets/2019/september/fact-sheet-us-japan-trade-agreement, last accessed on July 30，2020.

② *Digital Economic Report* 2021，https://unctad. org/system/files/official-document/der2021_en.pdf.，最后访问时间：2021 年 10 月 27 日。

易与数据自由流动之间的平衡仍需要进一步的协调。

(二)欧盟的数字贸易规则模式

相较于美国,欧盟在数字经济方面的发展远没有美国快速和高质量,表现是没有世界知名、效益良好的数字经济企业,比如 Meta、谷歌以及微软等;在数字经济规则方面也没有美国的黄金标准。欧盟在 21 世纪初已经意识到数字时代来临将会带来的巨大变革,在 2000 年就推出了"电信欧洲"(eEurope)行动计划①,2002 年又推出"2005 电信欧洲"(eEurope)行动计划②,此后又推出了一系列政策文件:2010 年的"欧洲数字议程"③;2015 年的"欧洲数字单一市场战略"④;2017 年的"迈向数字贸易战略报告"⑤;2018 年连续推出了"数字经济公平税收规则"和"通用数据保护条例"。⑥ 2020 年年初,欧盟委员会公布了《塑造欧洲数字未来》的数字化战略,并同时发表了欧盟数据战略及人工智能白皮书⑦,旨在通过加大数字化领域投资提升欧盟数字经济竞争力。

但是欧盟是否有数字贸易规则的模式?有人提出了:欧盟数字贸易专门章节的构建进程是比较滞后的。目前对数字贸易规则"欧式模板"缺乏比较整体全面的研究,只是针对三个关键领域有少量的研究,如知识产权保护、视听

---

① eEurope-An information society for all,https://eur-lex.europa.eu/legal-content/EN/TXT/HTML/? uri=LEGISSUM:l24221&from=FI,last accessed on February 12,2021.

② eEurope 2005:An information society for all,https://eur-lex.europa.eu/Lex-UriServ/LexUriServ.do? uri=COM:2002:0263:FIN:EN:PDF,last accessed on February 12,2021.

③ *A digital agenda for europe*,https://eur-lex.europa.eu/LexUriServ/LexUriServ.do? uri=COM:2010:0245:FIN:EN:PDF,last accessed on February 12,2021.

④ *A digital single market strategy for Europe*,https://ec.europa.eu/digital-single-market/en/news/digital-single-market-strategy-europe-com2015-192-final,last accessed on February 12,2021.

⑤ 《欧洲议会国际贸易委员会通过〈数字贸易战略〉报告》,http://eu.mofcom.gov.cn/article/jmxw/201711/20171102677442.shtml,最后访问时间:2021 年 2 月 16 日。

⑥ 闫德利:《欧盟:建设数字单一市场》,载《中国信息化》2019 年第 3 期。

⑦ 《欧盟着力提升数字经济竞争力》,载《经济日报》2020 年 2 月 25 日,第 7 版,转载环球网,https://tech.huanqiu.com/article/3xAottDVIPq,最后访问时间:2020 年 7 月 20 日。

部门和隐私保护。①有人对于欧盟所签署的数十个自由贸易区进行了分析,其特点是②:一是这些自由贸易区中与数字贸易相关的章节主要包括"电信章"、"金融章"、"投资章"和"知识产权章",规则也逐渐受到美国模式的影响;二是规则文本还没有形成一个完整成熟的体系,文本中很少见有电子商务章节;三是规则中常常结合知识产权保护和信息交流技术(ICT)的合作,如TRIPs+③的条款,提高权利人保护水平;四是坚守一定的立场,尤其是在"视听例外"或"文化例外"、"隐私保护"方面;五是在数字贸易的关税上坚持强硬的立场,尽管在自由贸易区谈判时会根据缔约方比较优势的强弱"出价"灵活。

实际上,笔者认为,欧盟的数字经济规则模式虽然与美国有所不同,但是它仍然具有自己的特点:如极力维护建立数字经济的欧盟单一市场;强调网络平台用户隐私保护责任和欧洲非个人数据自由流动计划实施;强调针对机器数据设立数据产权,以规范市场和交易行为,促进数据流通和增值;强调个人数据保护;强调欧盟的技术主权和自主可控;对于数字经济中的人工智能技术强调在交通和医疗关键领域的应用,对于公共服务、环境以及健康等方面的数据鼓励重复使用和交换。因此,欧盟的数字经济规则的价值取向是多元的,不仅强调数据的自由流动,还强调公共利益以及个人利益的基本人权的保护。当然,欧盟的数字经济的发展落后于美国的现实并不等于欧盟的与数字经济发展密切的创意产业(包括文学、影视以及艺术在内的各行业)不发达,大量使用美国数字经济产业的消费人群的存在、人工智能的发展、公共事业对于数据的大量使用等,使得欧盟尤其在其数字经济规则中追求严格的隐私保护和强硬的税收要求,同时欧盟也强调知识产权的保护、解决争端司法化等,以表现出欧盟的经济、司法主权。

欧盟二十年的数字化进程,其政策考量的优先级指向经济发展、人权平等、数据治理和人工智能这几个维度。数字化技术在彻底改变生活方式和创造巨大经济利益的同时,也加剧了人们的技术焦虑和道德关切。欧盟前瞻性地认识到了这一点并且力求做到实质保护,使数字化战略真正做到推动包容

---

① 周念利、陈寰琦:《数字贸易规则"欧式模板"的典型特征及发展趋向》,载《国际经贸探索》2018 年第 3 期。

② 周念利、陈寰琦:《数字贸易规则"欧式模板"的典型特征及发展趋向》,载《国际经贸探索》2018 年第 3 期。

③ 欧盟加入 TRIPs,在它自己与他方的自由贸易区里,它实施比 TRIPs 更高的规则,故用＋。

性增长和可持续发展。从知识型经济到数据革命，欧盟始终坚持以科技支撑经济，以创新引领发展，力求成为第四次工业革命的弄潮儿。欧盟的数字化进程前路漫漫，值得我们关注和思考，也为我国的发展提供有益借鉴。

在政策上与美国侧重于私营部门控制数据的做法相反，欧盟强调个人对数据的控制，旨在在其境内建立一个单一的数字市场，数字产品和数据可以根据一套规则自由流动，以保护个人、企业和政府免受数据收集、处理和商业化造成的滥用。因此，它对数据驱动的数字经济采取了强有力的监管方法，对跨境数据流动的法规相对严格，并且非常注重保护个人隐私，该经济以保护欧盟的基本权利和价值观为基础。从这个意义上说，它被认为是一种以人为本的方法。这和欧盟的数字平台则相对边缘化、而大多数全球数字平台都位于美国和中国有很大关系。欧盟的《通用数据保护条例》(GDPR)于 2018 年生效，是世界上最全面的数据保护框架之一，包含对向区域外传输个人数据的广泛要求。但是，欧盟对非个人数据的跨境传输没有明确的限制。

(三)中国的数字贸易规则模式

中国是否有数字贸易规则模式，很多人提出了疑问。笔者认为，中国具有部分数字贸易规则的模式。根据为：一是中国的数字经济发展强劲，这是激励我国推出数字经济规则模式的最重要的产业动力基础。根据 2019 年的联合国贸发会议的《2019 年数字经济报告》，其中详细地介绍了正在发展中的数字经济的构成：一是数字经济的发展与多种前沿技术的发展紧密相关，包括一些关键的软件导向的技术，例如区块链、数据分析和人工智能；二是其他新兴技术，如面向用户的设备(如计算机和智能手机)到 3D 打印机和可穿戴设备，以及包括物联网(Internet of Things，IoT)、自动化、机器人技术和云计算机器导向的硬件；三是数据存储。[①] 对比这一构成状况，我国数字经济的某些部分发展很快，占世界份额不小，目前是世界上数字贸易里的电子商务量巨大的国家，且正在进行数字经济的四化建设：即以数据价值化、数字产业化、数字化治理以及产业数字化来推动数字技术红利的大规模释放。[②] 2020 年，我国数字

---

① UNCTAD：*Digital Economy Report* 2019，https://unctad.org/system/files/official-document/der2019_en.pdf，last accessed on July 19,2020.

② 中国信息通信研究院：《中国数字经济发展白皮书》(2020 年)，载中国信息通信研究院网站，http://www.caict.ac.cn/kxyj/qwfb/bps/202007/P020200703318256637020.pdf，最后访问时间：2020 年 7 月 10 日。

经济规模达到 39.2 万亿元，占 GDP 比重为 38.6％，同比增长 9.7％，数字经济快速发展，有效支撑疫情防控和经济社会发展。[①]

二是中国有自己的数字经济发展的政策和路径，如我国政府推出的"一带一路"倡议（BRI），以及数字丝绸之路（DSR）等政策，支持我国的全球数字和电信巨头向其他国家投资和发展。阿里巴巴、腾讯和华为等中国科技公司是重要的代表，它们增加对数字和电信基础设施的投资，在国外建立数字贸易区和智慧城市项目，通过收购外国公司发展业务等。这些数字公司在全球范围内寻求尚未连接到互联网的新市场，因为在这些市场中，有许多潜在客户市场。通过上述政策的推动，我国的数据驱动技术和服务在"一带一路"沿线国家得到广泛采用，同时也通过 DSR 向新兴市场提供数字基础设施来塑造跨国数据治理。在规则取向上更强调各国政府有权为维护国家和公共安全实施必要的监管措施，同时须考虑各国数字贸易发展阶段的差异，制定循序渐进的跨境数据自由流动目标。

三是中国已经向世人表明了准备接受国际贸易协定的数字贸易规则，如我国已经正式申请含有机制化的数字贸易规则的 CPTPP、DEPA。这表明，中国将不再坚持原来的模式：即在数字贸易订立模式时主要提及的内容包含关税、透明度、国内监管框架、国际监管合作、电子认证和数字证书、无纸化贸易、网络消费者保护、在线数据保护、贸易便利化等传统议题，且在争端解决中普遍不包含电子商务章（由此也削弱了规则的有效性）。2020 年 1 月签署的《中国香港—澳大利亚自由贸易协定》突破性地加入了计算机设备的位置、源代码处理等承诺，并对金融服务计算设施进行了单独的规制，但这仍未达到 DEPA 相关内容所承诺的开放程度。RCEP 包含了专门的电子商务章节，其中有中国首次原则上同意和接受对数据流动和本地化具有约束力的规则，当然也有"必要性下的合法政策公共目标"以及"基本安全利益"作为计算设施本地化等规则的例外，强调缔约方如果以合法公共政策目标来限制流动，其他国家不可提出异议。而 CPTPP 里以及修订后的《美墨加协定》（USMCA）都有对数据自由流动和禁止数据本地化的约束性承诺。CPTPP 中，第 14.11 条承诺当事方允许"以电子方式跨境传输信息，包括个人信息，当该活动是为了开展相关人员的业务时"。但是，允许各方采取与自由跨境流动不一致的措施

---

① 中国信息通信研究院：《中国数字经济发展白皮书》，2021 年 4 月出版）前言部分，载中国信息通信研究院网站，http://www.caict.ac.cn/kxyj/qwfb/bps/202104/t20210423_374626.htm，最后访问时间：2020 年 7 月 23 日。

"以实现合法的公共政策目标",前提是该措施的"应用方式不会构成任意或不合理的歧视或变相限制的手段贸易",并且"不对超过实现目标所需的信息传输施加限制"。同样,在第14.13条中,当事方承诺"不要求受管辖的人在该方领土内使用或定位计算设施作为在该领土开展业务的条件",并有资格采取与本条款不符的措施,"实现合法的公共政策目标,前提是该措施的实施方式不会构成任意或不合理的歧视或变相限制贸易的手段;并且不会对计算设施的使用或位置施加超过实现目标所需的限制"。

DEPA继承了CPTPP、USMCA中数字条款的绝大部分内容,是数字贸易规则的"美国模式"的"更新换代",符合绝大部分发达国家的利益。可以相信,在申请成功CPTPP、DEPA之后,中国的数字贸易规则模式将会进一步完善。

当然,值得注意的是,就数字贸易的基础而言,中国目前的数字经济的结构与世界现存的数字经济结构有所区别的。这些区别是导致中国数字贸易规则取舍的一个重要原因。如中国在数字经济中主要是电子商务和物联网最为发达(参见联合国贸发会议《2019数字经济报告》第6页中的图表①),且在2017年的电子商务的联合国贸易与发展会议的统计中,中国以19310亿美元名列世界第三(第一是美国88830亿美元,第二是日本29750亿美元)。在2018年统计全球范围的数字经济平台的美、欧盟以及亚洲的比较图里②,美洲的公司涉及手机制造、软件、支付、货物买卖、社交、影视,包括谷歌在内的字母控股公司③,超过市值7000亿美元的有4家,在亚洲只有阿里巴巴(主要从事

---

① FigureI.1. A representation of the digital economy, UNCTAD: *Digital Economy Report* 2019, https://unctad. org/system/files/official-document/der2019 _ en. pdf, last accessed on July 19, 2020.

② FigureI. 17. Geographical of the main global platforms in the world, 2018, UNCTAD: *Digital Economy Report* 2019, https://unctad.org/system/files/official-document/der2019_en.pdf, last accessed on July 19, 2020.

③ "Alphabet Inc.",新华社译名为"字母表",或译为"字母控股",是位于美国加利福尼亚的控股公司,于2015年10月2日成立,由谷歌公司组织分割而来,并继承了谷歌公司的上市公司地位以及股票代号。谷歌公司重整后则成为Alphabet Inc.最大的子公司。此外,Alphabet旗下拥有Calico、CapitalG、Chronicle、DeepMind、Google Fiber、GV、Jigsaw、Loon LCC、Sidewalk Labs、Verily、Waymo和X 12家子公司。参见维基百科官网:https://zh.wikipedia.org/wiki/Alphabet,最后访问时间:2020年8月15日。

电子商务及其支付)①超过 300 亿美元。在全球的 70 个最大的数字平台公司,高度集中在某个区域,仅美国就拥有世界上 40％的托管中心;尽管数字技术和数字平台与两个国家(美国和中国)紧密相关②;但是居于首位的美国数字经济比居于第二的中国高了数倍的市值。基于此,在中国现行的数字贸易规则的模式中,涉及自由贸易区的也只有等待生效的 RCEP 中电子商务一章。2021 年 1 月,中国和新西兰结束了自由贸易协定升级版谈判,且正式签署,60 日后待本国批准生效。③ 我国商务部网站在有关的新闻报道中披露了信息:对原中、新自由贸易区贸协定进行了修订,由序言、9 个章节、4 项换文组成,除对原协定的原产地规则、海关程序与贸易便利化、技术性贸易壁垒、服务贸易、合作等 5 个领域进行升级外,还新增了电子商务、政府采购、竞争政策、环境与贸易等 4 个领域。其中新增的电子商务,主要包括电子认证和数字证书、网络消费者保护、网络数据保护、无纸化贸易等内容,不对电子传输征收关税等④,仅是前面所提的数字经济里的一部分,并无太多地扩及广泛的数字经济的范围。在我国 WTO 电子商务谈判中的方案里也只是强调:对于数字贸易新规则,我国认为数据流动和存储及数字产品待遇等问题涉及每个成员的核心利益,但鉴于这些问题的复杂性和敏感性,成员应进行更多讨论。5 月提案包括常规议题,如电子认证、电子合同、垃圾邮件、国内规制、一般和安全例

---

① 阿里巴巴创立于 1999 年,是一家提供电子商务在线交易平台的公司,服务范围包括 B2B 贸易、网上零售、购物搜索引擎、第三方支付和云计算服务。集团的子公司包括阿里巴巴 B2B、淘宝网、天猫、一淘网、阿里云计算、支付宝、蚂蚁金服等。

② 例如,这两个经济体占与区块链技术相关的所有专利的 75％,占物联网全球支出的 50％,至少占云计算市场的 75％,占市值的 90％。全球 70 个最大的数字平台公司,仅美国就拥有世界上 40％的托管中心。因此,这两个经济体在世界数字技术发展中起着主导作用,而非洲和拉丁美洲尤其落后。UNCTAD: *Digital Economy Report* 2019, https://unctad.org/system/files/official-document/der2019_en.pdf, last accessed on July 19,2020.

③ 截至 2021 年 7 月 27 日,通过查阅中国、新西兰的商务部官方网站,均未宣布生效。

④ 《商务部国际司负责人解读中国—新西兰自由贸易协定升级议定书》,http://melbourne.mofcom.gov.cn/article/jmxw/202101/20210103034343.shtml,最后访问时间:2021 年 2 月 19 日。

外、透明度、电商规则和现有 WTO 规则关系等综合性议题。①

综上所述,我国的数字贸易规则的模式可以归结为:主张的数字贸易规则的范围基于我国的数字经济发展程度,有一定的限制,不如美国的数字贸易规则广泛,尤其对于美国模式里的有关数字贸易的新内容,如鼓励数据的储存和流动、数字知识产权保护、数字产品非歧视性待遇和与数字贸易相关的税收的限制等则持建议进一步讨论的观点;也没有欧盟注重人权的隐私保护;对于我国的强项电子商务的规制和保护促进提出了积极的方案,对信息通信技术产品、对网络及其服务部分应该持非歧视待遇,这些恰恰与我国的数字经济的发展程度相契合。

数字贸易规则模式固然是与各国和各地区的数字经济发展程度相关,我国固然有眼前的利益,但是在实施"一带一路"倡议的时候,是否可以结合发展视角考虑我国数字经济,同时也要扮演起数字经济大国的角色,在规则制定上也要有所引领,尤其是在中国倡导的"一带一路"倡议实施上。那么,最值得一试的是在中国与东盟的自由贸易区的升级谈判里,增加数字贸易的内容,一方面可以增加中国与东盟的贸易额度,另一方面也可以作为中国在数字经济和数字贸易规则创立方面的一个创新。

四、推进中国—东盟自由贸易区数字贸易协定的法律和政策路径选择

(一)中国—东盟数字贸易规则有可能牵涉的政策路径

截至 2022 年 4 月,中国已与 149 个国家、32 个国际组织签署 200 余份共建"一带一路"合作文件。中国—东盟数字贸易规则的商讨签署有如下政策路径:一是通过与位于海上丝路的东盟成员国签署相关"一带一路"合作文件,如参与"一带一路"的谅解备忘录②,在备忘录里,可以列入相关的数字贸易协定

---

① 石静霞:《数字经济背景下的 WTO 电子商务诸边谈判:最新发展及焦点问题》,载《东方法学》2020 年第 2 期。中国方案在世界贸易组织网站里也有相关信息:WTO,Joint Statement on Electronic Commerce-Communication from China,INF/ECON/19,24 April 2019;WTO,Joint Statement on Electronic Commerce-Communication from China,INF/ECON/40,last accessed on September 23,2019.

② 《我国已签署共建"一带一路"合作文件 205 份》,http://ydyl.china.com.cn/2021-01/30/content_77172057.htm,最后访问时间:2021 年 2 月 20 日。

的商谈内容和时间表等。二是协商或修改原有的自由贸易区条约或签订新的数字经济合作的条约所要涉及的内容和时间表。三是建立中国—东盟自贸区的部长会议机制等。事实证明,这一系列的政策路径,已经产生了明显效应。正如有人所评价的:"中国正在通过涉及谅解备忘录,合同以及贸易和投资条约的金融、贸易和投资举措网络,逐步开发一种新的、务实的、分散的贸易治理模式,并在其范围内实现跨国创新。"①四是通过外交,各种新、老国际组织,机构和平台内部开展工作,推广中国自己的世界观和概念,同时摒弃现有的一些治理规范和价值观。② 五是中国和东盟之间已经在条约缔结方面有了文本以及丰富实践的经验。六是可以借 WTO 电子商务谈判的平台进行更好更彻底的谈判。七是借目前各国对于电子商务等数字经济的方式有所需求的大好时机,树立中国在"一带一路"上数字贸易规则的良好范例,为中国—东盟自由贸易区的所有人带来益处:如在东盟和中国范围内,提高双方的公司、个人等参与数字经济的能力,确保他们获得创造价值的公平份额,还可以保证在经济竞争,税收和就业等领域里让双方公司和个人有所预期采取行动。八是条约里强调双方公共和私人发展所需要的与"数字促进发展"相关的发展战略,帮助东盟成员国缩小数字鸿沟并确保更具包容性的数字经济的发展。

(二)中国—东盟数字贸易规则有可能牵涉的法律路径

中国—东盟数字贸易规则有可能牵涉的法律路径包括采用的形式以及规则内容。

在形式方面,可以在中国—东盟自由贸易区的基础上,签订新的数字贸易规则条约,同时辅之以对于其他条约里相关数字贸易条款的修改。

在内容方面,在进行数字贸易条款谈判时,首先在规则中参考如下文件,并且将其采纳入中国与东盟的数字贸易规则之中:一是东盟层面发布的文件,如《东盟互联互通总体规划 2025》的信息和通信技术相关章节、《2025 年东盟

---

① Gregory Shaffer, Henry Gao, A New Chinese Economic Order? *Journal of International Economic Law*, 2020, Vol. 23, No. 3, pp. 607-635, https://doi.org/10.1093/jiel/jgaa013.https://papers.ssrn.com/sol3/papers.cfm? abstract_id=3370452#, 最后访问时间:2022 年 3 月 21 日。

② Nade'ge Rolland, China's Vision for a New World Order, NBR Special Report No.83 /January 2020 , https://www.nbr.org/wp-content/uploads/pdfs/publications/sr83_chinasvision_jan2020.pdf. last accessed on August 28,2020.

经济共同体蓝图》以及 2021 年 1 月发布的《东盟数字总体规划 2025》(ADM 2025)①。二是成员国参与的国际协定:马来西亚、新加坡、越南、文莱已经是具有电子商务章节的《全面与进步跨太平洋伙伴关系协定》(CPTPP)的成员国,而菲律宾、印度尼西亚以及泰国可能是未来的潜在加入国家,当然还有 RCEP。三是中国与东盟之间的涉及数字基础设施建设方案的文件:2018 年,双方通过了《中国—东盟战略伙伴关系 2030 年愿景》,指出要做好东盟内部以及中国与东盟之间数字基础设施建设方案的对接工作,实现"一带一路"基础设施建设的战略协同。② 四是以中国拟申请的以 CPTPP 以及 DEPA 的规则作为规则订立的依据,参考中国与东盟之间的数字贸易发展的情况。如东盟十国的数字经济以及数字贸易发展水平参差不齐,但是新加坡的数字经济发展水平并不低,也在 WTO 电子商务里提交了自己的方案。③ 对于数字贸易协定的争端解决机制的设计,要考虑是基于原有的中国—东盟 FTA 的两套争端解决机制④,还是要做新的制度设计。因为就中国—东盟投资争端解决机制,已经有人提议进行修改。⑤ 而在面对与数字经济相关的贸易和投资的新型争端的时候,考虑新的设计是有一定的合理性的。

---

① The 1st ASEAN digital ministers meeting and related meetings 22 january 2021 joint media statement,https://asean.org/storage/16-ADOPTED_Joint_Media_Statement_of_the_1st_ADGMIN_cleraed.pdf. last accessed on February 23,2021.

② 中国已经按照"1-3-10-4-6"的规划,在东盟多国境内援建了信息基础设施,即 1 个国际海缆登陆站、3 条国际通信海缆、10 路国际陆路光缆、4 个重要通信节点、6 个大数据中心。在企业层面,中国三大通信运营商均已在东盟国家开展投资与合作。中国联通成立了广西东盟信息交流中心,并在越南等东盟八国成立了分公司,中国移动与东盟共同开发信息高速公路,中国电信推出了东盟国际信息园项目。华为、中兴通讯、海容通信、小米、OPPO 等通信企业也在东盟国家展开了业务布局,并投资建设相关信息基础设施,在物联网、云计算、智能互联、第五代移动通信技术(5G)等领域与东盟国家开展密切合作。参见任玉娜:《中国—东盟共建数字丝绸之路:现状、动力与挑战——基于数字经济的视角》,载《全球化》2020 年第 3 期。

③ WTO,Joint Statement on Electronic Commerce-Communication from Singapore,INF/ECOM/25,last accessed on April 30,2019.

④ 中国—东盟自由贸易区分别具有贸易争端、投资争端的两个协定。

⑤ 蒋德翠:《中国—东盟自贸区投资争端解决机制的困境与出路》,载《河北法学》2020 年第 5 期。

五、结　语

　　数字贸易协定是基于数字经济的发展而出现的国际合作协定，本文的研究认为这是国际合作协定规则中的关键内容，目前以美国所推出的数字贸易规则的黄金标准领先，它已经逐步出现在美国所缔结的自由贸易协定或双边协定以及美国 WTO 电子商务谈判的方案中，正引导着国际数字经济及其贸易的发展。我国正在推行"一带一路"的倡议，与东盟谈判签署新的数字贸易协定将会是中国—东盟自由贸易区的推动器，也将显示中国会是数字经济规则制定的领先者。当然采用什么模式，规则将限定在什么范围，采取何种思路，需要在分别借鉴欧盟、美国模式以及 DEPA 的基础上，结合我国在 WTO 的提案、中国与东盟的合作特点以及数字经济发展的前瞻性提出协议方案。总之，数字贸易协定的内容还有待进一步的研究和探讨。

"一带一路"区域环境治理体系的构建

张　辉*

摘要：可持续发展作为各个国家和地区的共同诉求，既能维护经济利益与环境利益之间的正关系，又能满足人们对良好健康环境的需求。随着"一带一路"倡议国际化的提升，沿线各国和地区仍面临着经济发展迫切性与生态环境脆弱性之间的矛盾，同时为保证区域环境治理的规范化，"一带一路"区域亟待建立区域环境治理体系来应对跨区域环境问题，通过阐述"一带一路"建立区域环境治理体系的必要性和基本原则，分析"一带一路"区域环境治理在实践中存在的问题，来探讨区域环境治理体系的构建要素、主导机构、法律体系和监管机构。构建"一带一路"区域环境治理体系，将有助于我们高效地应对"一带一路"建设过程中出现的各种环境污染和生态破坏问题，打造环境命运共同体。

关键词："一带一路"；可持续发展；区域环境治理；区域环境治理体系

2019 年 11 月 5 日，党的十九届四中全会通过《中共中央关于坚持和完善中国特色社会主义制度　推进国家治理体系和治理能力现代化若干重大问题的决定》，提出积极参与全球治理体系改革和建设，高举构建人类命运共同体旗帜，秉持共商共建共享的全球治理观，倡导多边主义和国际关系民主化，推动全球经济治理机制变革。在共同但有区别的责任、公平、各自能力等原则基础上，推动开展应对气候变化国际合作。2020 年 3 月 3 日，中共中央办公厅、国务院办公厅印发了《关于构建现代环境治理体系的指导意见》，建立健全环境治理领导责任体系、健全环境治理企业责任体系、健全环境治理全民行动体系、健全环境治理监管体系、健全环境治理市场体系、健全环境治理信用体系

---

* 张辉，西南政法大学副教授、法学博士、硕士生导师，主要研究方向为环境资源法。

和健全环境治理法律法规政策体系,落实各类主体责任,提高市场主体和公众参与的积极性,形成导向清晰、决策科学、执行有力、激励有效、多元参与、良性互动的环境治理体系。①

"一带一路"是我国为应对世界经济一体化和国内深化改革而提出、得到世界多国呼应并支持的国家级顶层合作倡议,试图通过产业结构升级、金融创新、区域创新来打造政治互信、经济融合、文化包容的利益共同体、命运共同体和责任共同体。新时期"一带一路"区域环境治理的目标不再是片面地追求经济利益,而是实现经济发展的同时使生态环境效益最大化,追求人类与自然和谐相处和可持续发展;区域环境治理模式也不应当是单个国家或地区的单打独斗,而是应当共同开发、共同治理、共同受益,形成区域环境合作新局面。

一、构建区域环境治理体系的必要性

区域环境治理是指在特定区域内(两个或两个以上国家主体管辖的区域),区域内国家、非政府组织和其他企业、公民通过协商、谈判、合作等方式参与区域环境污染与破坏治理等公共事务的管理。区域环境治理是区域治理的重要内容,与区域经济、政治、文化发展相辅相成,优美的区域环境可以为区域经济发展提供良好的平台,反过来,区域经济发展可以为区域环境保护提供物质、技术支持。区域环境治理有特定的对象和范围,其治理对象是区域环境污染和生态破坏的行为,治理范围是基于某一共同利益/问题划定的某一既定范围内。而区域环境治理体系则是区域环境治理的系统化和规范化构建与实施,从而在区域范围内实现环境管理和环境治理法律、政策、执法,乃至司法的协调与统一。

(一)区域环境治理体系是缩小沿线各国环境发展阶段差异的核心利器

"丝绸之路经济带"横贯亚欧大陆,"21世纪海上丝绸之路"连接亚非欧,其中包括法国、俄罗斯、澳大利亚等经济体量较大国家和埃及、阿富汗等经济体量较小国家,经济实力的悬殊使得发达国家和发展中国家在环境保护观念与环境治理能力方面存在巨大差异。构建区域环境治理体系不仅可以实现环境治理技术、手段上的以强带弱,还可以调动参与环境协调治理机制的积极

---

① 王喜莎:《构建新疆生态环境领域治理体系与治理能力现代化格局研究》,载《中共乌鲁木齐市委党校学报》2020年第2期。

性。通过各国和区域环保组织的责任分配和帮扶,环保弱国就可以逐步达到多边环境条约或区域环保机构设定的高环境标准,缩小其与经济强国之间在环境发展阶段的差异,逐步实现环保带动经济和可持续发展。

(二)区域环境治理体系有助于促进区域环境正义

目前,"一带一路"沿线环境治理大都是以各个国家政府为主导,社会多元主体参与,执行各国的环境保护政策,尚未建立起区域环境治理体系,而跨流域污染、跨区域土壤污染、跨区域大气污染等问题却一直贯穿于"一带一路"经济建设和基础建设中,各国环境标准差异和治理能力的不同,使得区域经济发展与区域环境之间存在着不可调和的矛盾。秉承"一带一路"建设共商、共建、共享原则,坚持经济效益、政治效益和环境效益相统一,建立区域环境治理体系不仅有助于将环境责任在发达国家与发展中国家之间公平地分配,并要求两者共同承担经济发展中面临的环境危机,有助于各行为主体实现参与的环境正义,从而更好地监督区域内每一环境主体开展区域环境治理活动,避免受行政和其他团体干预。

(三)区域环境治理体系满足新时代区域生态环境保护的需要

距联合国环境与发展会议过去已有 30 多年,全球环境和区域环境形势依旧严峻。经济水平的提高虽然对环境治理投入成本和技术有所增加,但是环境污染和生态破坏的类型也随着科技水平变得复杂多样,治理难度也不断增加。区域环境治理体系的核心思想是合作治理,体现的是合作型环境治理理论,强调相互依存的利益相关者为了解决复杂的环境问题而建立跨域(cross-boundary)的合作伙伴关系,并以平等协商的方式参与环境决策制定的过程和制度。[①] 因此,"一带一路"区域环境治理体系不仅可以为区域经济发展提供良性环境,还可以满足新时代区域合作共赢思想。

二、区域环境治理原则

区域环境治理作为全球环境治理的一部分,其治理原则应当遵循国际环

---

① Kirk Emerson, Tina Nabatchi, Stephen Balogh, An Integrative Framework for Collaborative Governance, *Journal of Public Administration Research and Theory*, 2012, Vol.22, No.1, pp.1-29.

境治理原则。区域环境治理原则是指区域内各行为主体在开发、利用、保护和改善环境的国际交往活动中形成的，为各行为主体公认的，具有普遍指导意义的原则。

当前国内学术界对国际环境法的基本原则存在几种不同观点，林灿岭的"四原则说"，蔡守秋的"五原则说"，王曦的"六原则说"等，其中蔡守秋教授提出的五原则中除了"可持续发展原则"和"预防原则"具有普适性特点外，其他三项原则对于区域环境治理体系的建立来讲最具有借鉴意义。

(一)国际环境合作原则

"一带一路"倡议涵盖亚、欧、非三大洲 65 个国家、70 多个经济贸易合作区。不同国家和地区在政治制度、宗教文化、经济模式等方面都存在巨大差异。加强"一带一路"沿线国家的跨文化国别与区域研究可以有效帮助我们减少因文化差异而带来的合作与交流的不确定性。[1] 因此，国际环境合作是解决跨区域、跨流域环境污染、生态破坏问题的指导原则，是实现求同存异，形成生态环保合作良好格局最优的方式。国际环境合作原则是指国际社会成员在面临国际环境问题时，应采取通力合作的方式，协调好环境保护与利益需求之间的关系，解决好国际环境问题，该原则最早确立于 1972 年《斯德哥尔摩人类环境宣言》。国际环境合作原则在"一带一路"区域环境治理中，可以发挥利益协调作用，引导各行为主体和国际组织加强环境问题治理；在"一带一路"建设中，坚持国际环境治理原则可以实现"1＋1＞2"。由于沿线国家和地区经济水平不高、环境保护意识薄弱、环境标准宽松、环境治理技术落后等原因，通过该原则可以借鉴不同国家和地区的先进之处，共同解决好区域环境问题，实现经济的可持续发展；同时坚持该原则可以实现沿线国家和地区之间在生态环保领域中的正和博弈，使博弈双方都共享利益，并达到保护和改善区域环境的效果。

(二)共同责任原则

"充分尊重沿线国家发展需求，加强战略对接和政策沟通，推动达成生态环境保护意识，共同参与生态环保合作，打造利益共同体、责任共同体和命运

---

① 何明霞：《"一带一路"与国际传播话语权建设》，载《学理论期刊》2018 年第 7 期。

共同体,促进经济发展与环境保护双赢。"①"一带一路"区域是部分"地球村"居民②生活的领域,各个国家和地区有义务和责任保护好公民的生存环境,共同面对水污染、生物多样性等跨界环境问题的挑战。共同责任原则是指各国和地区共同居住于地球,共享地球资源和生态环境,根据权利与义务同等理论,各国和地区对保护和改善地球环境和生态负有共同的责任,其主要内涵包括共同挑战、共同利益、共同关切、全球公益、共同责任。"一带一路"区域环境治理坚持共同责任,有利于沿线国家和地区就生态环境保护合作达成共识,不因国家大小、政治制度、宗教文化等不同而忽略共同的环境责任;共同责任原则将协调"一带一路"沿线国家和地区的利益与国际社会利益之间的平衡,维护不同国际社会成员在承担共同责任的同时所享有共同的利益;共同责任原则可以引发"一带一路"沿线国家和地区对环境保护的关注,重视环境污染和生态破坏的不可逆性和环境生态价值,从而更好地实现区域经济与区域环境协调发展。

(三)国家主权和不损害国家管辖或控制范围以外环境的责任原则

国家主权和不损害国家管辖或控制范围以外环境的责任原则是基于跨国环境而产生的,在经济全球化背景下,环境污染和生态破坏问题日益凸显,国际社会和各个国家意识到需要通过环境合作来改善生态环境,也注意到国家对环境的管理权理应有所限制,在保证国家对内环境管理最高权的同时还要不插手他国环境管理事务,且在国际交往活动中不损害他国环境权益。"一带一路"区域环境治理无法避免沿线国家和地区之间的国际交往和环境合作,只有明确了国际交往原则,才能使双边或多边在环境保护上达成共识。国家主权和不损害国家管辖或控制范围以外环境的责任原则包含国家主权原则和不损害国家管辖或控制范围以外环境的责任原则两个方面。第一,尊重国家主权是国际法上一项重要原则,是国际关系中不可逾越的底线,该项原则是可持续发展原则、国际合作原则、预防原则和共同责任原则的基础③,是实现"一带

---

① 生态环境部:《"一带一路"生态环境保护合作规划》,https://baijiahao.baidu.com/s? id=1567602532246927&wfr=spider&for=pc,最后访问时间:2022年3月2日。

② 林灿铃教授认为,"共同责任"原则强调了责任的共同性,作为生活在唯一"地球村"的居民,任何国家都不能游离于国际环境保护责任体系之外。

③ C. Tinker, State Responsibility and Precautionary Principle, in Freestone, D. & Hey, E.(Eds.), *The Precautionary Principle and International Law the Challenge and Implementation*, 1996, The Hague: Kluwer Law International.

一路"区域环境治理目标的前提。第二,不损害国家管辖或控制范围以外环境的责任原则是国家在享有本国环境资源的同时也承担着保护和改善本国环境的义务,该原则的确立为东道国要求其他各国政府、企业、国际组织承担环境责任提供了依据,也为东道国自身的国际交往活动敲响警钟。① "一带一路"沿线各国和地区环境意识薄弱,一些国家和企业会以经济合作名义将环境废弃物和环境危险废物向这些国家转移来减少环境废物处理成本,只有坚持不损害国家管辖或控制范围以外环境的责任原则,才能就跨国环境损害和生态破坏进行协商和谈判,要求国家承担赔偿责任和修复责任。

三、当前"一带一路"区域环境治理中存在的主要问题

遵循社会发展往往伴随着环境风险的规律,"一带一路"合作倡议在给沿线国家和地区带来巨大机遇的同时也面临着巨大挑战。总的来说是"一带一路"区域未建立区域环境治理体系,具体层面,无论是跨境投资端涉及的不同国家的环境标准不同,还是国家贸易争端中因环保产品争议产生的贸易摩擦,以及国际货物运输领域面临的污染排放问题和外来物种问题,其在开展区域环境治理活动时均面临以下几方面的问题。

(一)沿线国家和地区就区域环境治理思想或理念未达成一致

因不同国家和地区的发展需求和目标不同,其在对待环境保护和环境治理上的态度就不同,原因在于经济发展水平和自身环境机制的差异性导致了各区域中不同国家或地区之间环境保护意识和环境治理力度的不同。例如,中欧就全球气候变化问题共同签署《巴黎气候变化协定》,而部分"一带一路"国家却拒绝签署,它们认为该协定的环境标准高于其本国的环境标准,若其签署就需支付更高的治理成本,降低其综合收益。但无论是全球环境治理还是区域环境治理,各环境行为主体均须在思想和理念上达成高度一致才能实现环境保护和环境治理价值最大化,并用于指导具体的环境活动,同时一致的环境思想和理念是制定环境法律制度、签订双边和多边环境协议、指导环境治理活动的基础和前提,而区域环境治理思想和理念达成一致的重中之重就是明确构建区域环境治理体系的影响因素。

---

① 何晓妍:《论尊重国家主权和不损害管辖范围以外环境原则》,载《环境与可持续发展》2014 年第 3 期。

(二)未确定统一的区域环境统筹主体

"一带一路"区域环境治理属于互利互惠的新时代合作型治理,要求沿线各国和地区在积极参与的基础上相互沟通、相互配合,实现多元环境治理。当前"一带一路"区域环境治理尚只实现部分跨域环境合作机制,例如,中国—东盟区域建立环境合作平台,共同就"绿色壁垒"纠纷解决机制,矿产资源管理、运输、使用涉及的环境问题达成合作协议,但有些地区和区域至今未达成环境治理意见,换而言之,部分区域在环境预防和环境治理方面处于"裸奔"状态,仍走的是"先污染后治理"的老路,通过牺牲环境来换取经济利益。"一带一路"合作倡议既然提倡共商共建共享,那么环境治理就不能是例外,中国同沿线各国和地区形成的命运共同体就需要以强扶弱,带动环境弱国走上绿色发展和可持续发展道路,面临如此尴尬境地的根源在于"一带一路"未确定统一的区域环境统筹主体,没有组织和机构充当区域环境治理的指挥官,未就区域环境治理作出统一规划、统一部署和分工合作。统一的区域环境统筹主体不仅起着沿线各国和地区之间的桥梁作用,还承担着责任分配、资源整合和协调矛盾的角色,区域环境治理的前期协商谈判,中期规划实施,后期效果总结也都离不开区域环境统筹主体。

(三)缺乏"一带一路"区域环境治理法律机制

"一带一路"区域环境治理已摆脱各自为政的时代,沿线各国和地区的协调合作,形成合作共赢的新局面。就"一带一路"区域环境治理的实践来看,当前"一带一路"区域虽已有多个区域环境治理协议,通过构建合作框架的方式进行区域合作,但就其内容本身而言缺乏对区域环境标准机制、区域信息共享机制和区域环境应急处理机制方面的法律规制,未确定区域环境治理相关的法律部门和部门组成规则,以及未规定各个国家和地区在区域环境治理中具体承担何种义务,承担何种程度的义务。同时,未区分不同区域的环境特性而制定基本、专项和附带治理措施,未就区域环境治理如何开展公众参与作出具体规定。既然要促成沿线国家或地区的环境合作,那么首先应当搭建起沿线国家或地区的行为规范和准则,明确各自在区域环境治理中的权利和义务。

(四)"一带一路"区域环境治理无配套的环境监管机构

"有权力就需要监管",区域环境治理亦不例外。尽管当前部分区域已达成区域环境治理合作协议,对环境治理标准和环境治理行动都作出详尽规定,但从实施效果上看收效甚微或者说环境改善不明显，因为在国际环境合作中本就缺乏具备强制力的法律文件，若再无相应的配套环境监管机构对区域环境治理计划、行动和效果加以监测和约束，各区域环境主体须承担的环境义务和责任就无法确保落实或落实程度。在"一带一路"合作倡议下，沿线国家或地区之间的经济差距和综合实力差距呈现缩小的趋势，但生态环境破坏却有扩大迹象，原因在于发达国家或环保意识强的发展中国家采取的是预防为主、保护优先的原则，在环境保护与经济利益的冲突之间，总选择以环境保护为重，但众所周知，环境具备公共物品属性，具有整体性和不可分性，若国家与地区之间不加强环境合作来帮扶和监督环境弱国，地球环境则仍面临着不可逆的风险。

四、构建"一带一路"区域环境治理体系

区域环境治理体系是区域内各国家、非政府组织和其他企业、公民在本区域环境治理过程中形成的一系列指导思想、管理机制、协调标准、信息共享机制和环境监督体制。该体系按照一定的逻辑顺序和内部联系运用到区域环境问题处理中，构建以环境治理为中心、多元主体参与的区域环境治理体系，能够激励区域内各主体积极参与区域环境治理，主动承担区域环境保护责任，推动区域环境治理进程，实现区域经济利益与区域环境协调发展。构建区域环境治理体系主要是解决好谁管，管什么，依据什么管，怎么管等系列问题。

（一）明确区域环境治理体系的构建要素

1.发展理念

"一带一路"沿线国家与地区面临的最大的难题不是资金、技术、人才，而是发展理念。[①] 对不适应、不合适甚至违背新发展理念的认识要立即调整，对不适应、不适合甚至违背新发展理念的行为要坚决纠正。[②] 只有转变了环保发展理念，环境治理投入的资金、技术、人才才能收到显著的效果，只有持环境可持续发展理念，才能实现区域经济利益与环境保护协调发展、长期发展。

[①] 因为经济越发达地区，其对生活质量和环境质量要求越高，在发展中国家或不发达地区还未形成广泛的可持续发展理念，其还寄希望于以牺牲环境为代价换取经济利益。

[②] 习近平：《新发展理念就是指挥棒、红绿灯》，载央广网，http://news.cnr.cn/native/gd/20161215/t20161215_523344588.shtml，最后访问时间：2022年3月2日。

2.市场机制

区域环境问题说到底是由于区域经济发展不平衡、区域市场调节机制失灵和区域政府管理失灵导致的。目前,大部分区域环境治理都是依靠政府—政府合作来实现的,其导致的结果是行政干预过强,环保市场发展乏力。在"一带一路"区域环境治理体系的构建中要充分发挥市场调节功能和资源配置功能,让更多的非政府组织、企业团体和个人参与到环保市场的竞争机制中来,使环保市场得以灵活运转,同时减少各国政府的行政干预,当市场机制无法解决时,行政手段和司法手段再介入到区域环境治理中来。

3.合作治理

生态环境的不可分割性,使得环境问题呈现整体性和区域性,因此,环境治理不可能单独依靠某一国家或地区,其需要区域或全球内各个国家、非政府组织、团体企业和个人相互合作,建立起区域或全球环境治理体系,督促各个环境主体承担起环境治理责任。在生态环保合作领域里,中国积极与沿线国家深化多边对话、交流与合作,强化生态环境信息支撑服务,推进环境标准、技术和产业合作,取得积极进展和良好成效。① 可见合作治理是全球和区域公认的环境治理模式。在环境保护合作治理下,国际社会和国际组织能够为区域环境治理提供资金支持,发达国家可以提供先进的技术手段。例如,配合"一带一路"建设的三大金融机构:亚洲基础设施投资银行、丝路基金和亚洲金融合作协会可以为区域环境治理提供财力;日本先进的垃圾处理技术可以供其他区域环境治理借鉴和引进。

4.政策支持

"一带一路"作为国家级顶层合作倡议,国家毫无疑问是有力的推动者,同时,政府也负有环境治理的职责和使命。在沿线区域经济共同体大力发展经济的同时,"一带一路"沿线国家的政府主体也应当承担起环境治理的责任,时时刻刻关注环境问题,运用宏观调控等手段,引导企业发展绿色经济,淘汰落后产业,提升产能,制定环保政策来扶持发展绿色环保企业,借此发挥政策的导向作用,做到在发展经济的同时不破坏生态环境,因此,"一带一路"沿线国家应该彼此合作,建立统一的环境保护政策,并搭建区域性的环境治理体系,建立统一标准。

---

① 生态环境部:《"一带一路"生态环境保护合作规划》,https://baijiahao.baidu.com/s? id=1567602532246927&wfr=spider&for=pc,最后访问时间:2022 年 3 月 2 日。

(二)建立区域环境治理的主导或统筹机构

"一带一路"区域环境治理应建立区域环境治理委员会,负责区域内总的环境事务。首先,需要制定区域环境治理标准,供沿线各国和地区商议,并不断修改和完善至各环境行为主体达成一致或签署合作意向;其次,根据协商的环境标准对区域环境治理作出统一规划、统一部署和统一管理;再次,明确区域环境治理的分工与合作,积极调配需求资源,最大化实现治理目标;最后,收集区域环境效果,进一步汲取环境治理行动中的经验教训。统一的区域环境统筹主体不仅起着沿线各国和地区之间的桥梁作用,还承担着责任分配、资源整合和矛盾协调的重要角色,具体职能设置可参考联合国环境规划署在全球环境事务中承担的环境治理职能分工,1985年《维也纳公约》和1992年《生物多样性公约》均是在联合国环境规划署协调下签署的。

(三)健全区域环境治理的法律体系

1. 签署双边或多边条约、协定确定区域环境治理标准

条约、协定是当前国际社会最为广泛承认的文件形式,通过该形式将区域环境治理标准确定下来,能够为区域环境治理活动提供依据和准则。因为不论是双边还是多边区域环境治理公约,其均强调第一性义务,即要求国家遵守预防原则管理投资者的行为,以达到防止或减少环境损害的发生。环境条约对第二性义务的规定明显要弱于第一性义务,由于国家责任法尚未发展成熟,各国对外国投资环境行为大多是管理、规范,通过东道国的国内法追究责任,极少会将其上升为国家间的争端。[①] 因此,今后"一带一路"沿线国家或地区所签订的环境治理条约应继续以强调第一性义务为主,为各成员国或环境行为主体设定行为标准。

2. 建立区域预警和环境信息共享机制

第一,区域环境预警机制是根据沿线国家或地区设立的区域环境治理标准划分区域预警等级,在每一区域的相应地方分别安装大气、水、土壤等环境监测和预警设施,然后针对预警等级和具体数值启动不同程度的应急预案。区域环境预警的不同等级界限值要随着区域环境稳定情况和区域环境需求进行实时修改,同时"一带一路"区域环境预警值不能笼统地采用同

---

① 刘恩媛:《"一带一路"建设中的环境保护法律制度构建》,载《理论与现代化》2015年第6期。

一标准,而是应当根据不同区域的环境现状和环境特性而划定相应的环境预警期间。

第二,区域环境信息共享机制是保证"一带一路"沿线国家和地区以及社会公众享有对区域环境现状、环境污染、环境治理的知情权,同时要求相应的机构和部门将记录的区域环境信息分享给其他国家、地区和区域,建立区域环境信息共享平台,有助于区域环境治理监管机构作出横向和纵向比较,有助于区域环境治理机构不断优化环境治理方案。例如,在区域大气污染联防联控机制中,只有信息共享平台将区域内各地方空气监测的实时数据、各方对区域污染来源的认知研究分析、治理资料经验、各省市的治污信息及重点企业的污染情况等内容公布在信息公开网上,区域各地方才能互相了解彼此空气质量与污染治理的真实状态,从而根据变化的现实情况更新推进区域大气污染联防联控的对策。[①]

3. 设立区域环境治理的公众参与机制

公众参与生态治理有利于创新生态环境治理机制,提升生态环境治理能力。[②] 在环境污染程度和环境效果改善上社会公众的认知和感官是最明显和直接的,公民作为环境权益的最大享有者,其有权利和义务对区域环境治理进行监督。"一带一路"沿线国家和地区在开展跨区域开发活动时,仍要邀请不同地方的社会公众参加环境影响评价听证会,充分听取社会公众对区域环境活动开展的意见。区域环境治理的公众参与机制需要区域调控机制同区域协调治理机制相连,构建区域组织与社会力量互动的协调合作网络,创造公众参与条件。

(四)成立区域环境治理监管机构

区域环境治理体系包含区域环境治理的各个环节,区域环境立法(条约)、执法、司法和监督等,因此构建区域环境治理体系应当包含成立专门的区域环境治理监管机构。区域环境治理监管机构须具备以下几点特征:

1. 独立于区域内各环境主体

吸取各国环境监督管理的经验,首先要保持区域环境治理监管机构自身

---

① 曹锦秋、吕程:《联防联控:跨行政区域大气污染防治的法律机制》,载《辽宁大学学报(哲学社会科学版)》2014年第6期。

② 周鑫:《构建现代环境治理体系视域下的公众参与问题》,载《哈尔滨工业大学学报(社会科学版)》2020年第2期。

的独立性,若其依附于某一国家或团体,则可能引起区域政治、经济动荡。区域环境治理仅限区域内各环境主体基于自身环境责任参与到环境合作中的,只有保持其自身独立性才能免于卷入国家与国家、国家与地区、地区与地区之间的政治争端或经济纷争,同时避免其他行政干预和团体干预。当前全球范围内设立有环境治理监管机构的区域——北美自由贸易区(NAFTA),其为依据《北美自由贸易协定》、以美国为核心的北美洲南北区域性经济组织,不仅经济上互惠互补和分工协作发展,而且创新了跨国区域环境保护的典范[①],尽管该区域有环境治理监管机构,但其实质性作用不大,因区域各环境主体之间并未达成一体化环境标准和环境治理条约,区域环境监管机构无相应的执行依据。

2. 明确区域环境治理监管机构的权力和定位

欲构建一个独立性强、效率高、执行力强的区域环境治理监管机构,就要在区域环境治理体系中划定区域环境治理监管机构的位置,确定区域环境治理监管机构的权力边界。因为区域环境治理监管机构是区域内各环境主体协商一致的结果,那么其定位和权力也应当是协商一致的结果,只有是区域各成员自愿达成的结果,其才会自觉服从管理和接受监督。况且经济利益远远大于环境保护道义责任,一味地依靠区域各成员的自觉性和责任感是无法实现区域环境治理的。

3. 建立具有约束力的监管机制

完备的环境监管机构还需要良好的监督管理机制才能运作。在区域环境监管过程中,无法避免产生环境冲突和矛盾,其需要建立良好的沟通合作机制和管理机制来解决,同时怎样划分监管权限,采取怎样的监管模式也是区域环境监督管理机制需要解决的,建立的环境监管机制是保障区域环境治理监管机构的正常运转。

综上所述,以欧盟的碳交易监管机构设置为例,"一带一路"区域环境治理监管机构可以按照以下模式设置:

可以设立一个总的区域环境治理监管机构,其中包括以下三个方面:

首先,成立国际组织,比如区域性的环保组织。长期以来,欧盟特别注重引导利益集团、非政府环境组织参与气候治理,同理,我们也可以考虑建立一个区域性的环保组织,积极引导区域生态环境保护,推动多渠道的公众

---

① 李青:《区域环境资源监管体制的探索与反思——以广西北部湾经济区环境资源保护为例》,载《广西政法管理干部学院学报》2015 年第 6 期。

参与等。（见图1）

图1　区域生态环境保护机构组成

其次，"一带一路"各成员国之间互相配合、通力合作。如同前述构建区域环境治理体系里的政策支持要素，各成员国政府也应当在环境治理方面投入政策支持，设立严格的环境标准，并通过税收政策等手段进行调节。

最后，在"一带一路"合作倡议所涉及的贸易和投资的各个行业里，设立区域性国际性的行业协会，通过行业协会的自律管理等手段规范企业的生产销售等环节，引导企业发展绿色环保经济。

五、结语

积极参与全球治理体系改革和建设，高举构建人类命运共同体旗帜，秉持共商共建共享的全球治理观，倡导多边主义和国际关系民主化，是"一带一路"沿线各国和地区构建一体化的环境治理体系的关键。新时代环境治理体系以推进环境治理体系和治理能力现代化为目标，充分体现了"人与自然是生命共同体，人类必须尊重自然、顺应自然、保护自然"的生态文明新理念，也对法学理论提出了新课题。[①] 目前，"一带一路"沿线国家和地区合作日益紧密，各种利益共同体逐渐形成，学术领域提及最多的是"一带一路"对政治、经济、文化等的带动效应，对"一带一路"造成或可能造成的区域环境污染和生态破坏问题提及较少，且对区域环境问题的治理尚未达成共识，因此，构建区域环境治理体系是有效化解各种区域环境问题，实现人类环境可持续发展的重要途径。

---

① 吕忠梅：《论环境法的沟通与协调机制》，载《法学论坛》2020年第1期。

喜马拉雅条款实用主义倾向
对陆海新通道法律的启示
与影响[*]

杨 慧[**]

摘要：喜马拉雅条款（Himalaya clause）是指提单中约定将承运人享有的免责或责任限制等权利赋予承运人的受雇人、代理人或是独立合同人。该条款效力的理论障碍是合同相对性原则，美国大法官运用了多种理论克服合同相对性。从喜马拉雅条款的案例实践中可以看出，该条款是放宽合同相对性要求以满足海运实践的需要。陆海新通道存在着海上运输和铁路运输规则不统一等问题，制约了国际陆海贸易新通道的建设。喜马拉雅条款的实用主义倾向能够更好地平衡各方当事人的整体利益，满足商业实践的需要，进而促进海运业以及多式联运业的稳定发展。结合案例，分析喜马拉雅条款的逐步演化，对于陆海新通道规则会有一定的启示和影响。我国作为制造业大国，贸易经济活跃，应该配套制定、更新与经济地位相匹配的法律并对其给予积极回应，如此可以突破海上运输单一规则，将比较成熟的海上运输规则移植到陆海新通道法律对接的实践当中。

关键词：喜马拉雅条款；实用主义倾向；陆海新通道；运输规则；合同相对性

经济全球化和区域经济一体化不断向纵深拓展，世界各国越来越成为紧密联系、相互依存的整体。国际贸易中80％以上的货物运输量依靠海上运

* 本文系国家社科基金重大招标课题（20&ZD162）的阶段性成果。
** 杨慧，西南政法大学国际法学院2020级博士研究生。

输,海上运输就像"血液"①一样维系着世界经济的运转。② 长期以来,海洋贸易占据着主导地位,陆上贸易一度被边缘化。"一带一路"倡议让古老的丝绸之路重放光彩,陆上贸易迎来了新的发展机遇。国际陆海新通道连接了"一带"和"一路",可以作为平衡陆地和海洋的切入点③。国际陆海新通道的多式联运将形成纵贯中国、联通东南亚和欧洲的物流通道,大幅缩短了相关地区间的物资运输时间。伴随着商业实践的发展,我国关于多式联运的法律也需要大幅度的调整,如何将成熟的海洋法律制度扩展到陆地运输中以满足商业实践的发展,以促进海运业和多式联运的稳定发展,引发了学术界和实践界共同关注。④ 喜马拉雅条款在美国三个案例的判决昭示着该条款的实用主义倾向是放宽合同相对性要求以满足海运实践的需要。

一、喜马拉雅条款的溯源及发展

(一)喜马拉雅条款的背景

喜马拉雅条款起源于"喜马拉雅"案例⑤,其核心内容为:货方就其在海上货物运输中遭受的货物毁损、灭失或迟延交付对承运人的受雇人或者代理人(或独立合同人)提起索赔时,虽该等主体并非运输合同的当事人,但若其能证

---

① [美]艾尔弗雷德·塞耶·马汉:《海权论》,萧伟中、梅然译,中国言实出版社 1997 年版,第 25 页。

② 马汉把海上运输比喻为"血液",因为"在海上,最为明显的特征就是如同一条大马路,在更好的情况下,则如同一块宽阔的公地,人们可以朝着任意一个方向行走"。

③ 杨祥章、郑永年:《"一带一路"框架下的国际陆海贸易新通道建设初探》,载《南洋问题研究》2019 年第 1 期。

④ 司玉琢:《论喜马拉雅条款的沿革及理论基础——兼评 UNCITRAL〈运输法草案〉下的海上履约方》,载《大连海事大学学报(社会科学版)》2004 年第 2 期。

⑤ 1953 年,英国 P&O 公司的喜马拉雅号客轮在码头停泊时,由于梯子没有放置好,船上的一名乘客阿德勒女士摔到了 16 米下的码头而受伤。因为在船票中包含了一条承运人可以免责的"不负责任条款",阿德勒女士向船长及水手长提起诉讼。上诉院认为,货物运输和旅客运输一样,法律允许承运人对其本人及所雇用的履行合同的人作出规定。同时还认为,这种规定既可以是明示的也可以是默示的。法庭认为,由于船票并没有包含任何可以用来保护承运人的受雇人和代理人利益的明示或默示的条款,因此水手长迪克逊不能受免责条款的保护。自此判决作出后,各公司纷纷在提单上增设"喜马拉雅条款",用于保护装卸工人及其他人的利益。

明是在受雇或者受委托的范围内的,不论依据合同还是侵权行为,均可援用提单中承运人的抗辩理由和限制赔偿责任的约定。①"喜马拉雅"案判决以后,承运人为了保护自己的利益,纷纷在班轮提单中加入喜马拉雅条款,规定承运人的受雇人、代理人或独立合同人等履行辅助人也一样享有合同和法律赋予承运人的免责事由和责任限制权。《海牙-维斯比规则》《汉堡规则》《鹿特丹规则》等国际公约都吸收了该条款。

(二)喜马拉雅条款的历史及发展阶段

喜马拉雅条款伴随着时代变迁被赋予更多含义,承运人的责任期间不断扩大,经历了四个阶段。第一个阶段,喜马拉雅条款以提单条款的形式出现,仅仅适用于承运人的受雇佣和代理人,不适用于独立合同人。第二阶段,喜马拉雅条款被载入《海牙-维斯比规则》而被法定化,但依然不适用于独立合同人。第三个阶段,《汉堡规则》继承了喜马拉雅条款,但适用独立合同人,并用实际承运人取代了独立合同人,喜马拉雅条款还适用于实际承运人。第四个阶段,《鹿特丹规则》规定将喜马拉雅条款适用于承运人的一切履约方。

喜马拉雅条款的四个阶段从约定到将承运人享有的免责或者责任限制等权利赋予承运人的受雇人、代理人或是独立合同人,这与承运人的责任期间由"钩到钩"扩大到"港到港"的商业实践有着密切的关系。尽管有人说喜马拉雅条款受到质疑②,但是喜马拉雅条款的发展趋势是放宽合同相对性要求以满足海运实践的需要。合同相对性原则是绝对性的,但是随着商业实践的不断发展,如果刻板地遵守该原则,往往无法适应不断发展的社会需要。

二、喜马拉雅条款在商业实践中的运用和发展

喜马拉雅条款在美国的运用和发展最为充分,美国没有将喜马拉雅条款法定化,因此联邦法院判例成为处理该问题的主要法律渊源。到目前为止,经

---

① 余筱兰:《鹿特丹规则承运人制度研究——兼论与中国相关法律制度的影响》,复旦大学 2014 年博士学位论文。

② 对某些人来说,喜马拉雅条款是异端,而另一些人则视其为天才的例证,在笔者看来,它是一个短期内巧妙解决难题的方法,但其带来的问题要远远多于所解决的。[加]威廉·泰利:《重审喜马拉雅条款》,杨树明、郭东译,载《国际经济法学刊》2004 年第 2 期。

过联邦最高法院审理的只有三个案件:1959 年 Herd 案①、2004 年 Kirby 案和 2010 年 Kawasaki 案,这三个案件是喜马拉雅条款在商业实践中不断突破规则的限制的典型案例,给当前喜马拉雅条款的适用带来很多启发。

(一)Herd 案——要求对喜马拉雅条款进行严格解释

1959 年的 Herd 案是由美国最高法院处理的第一个喜马拉雅条款案件。在该案中,装卸公司由于过错导致货物损失,提单中虽并未约定适用承运人以外的第三人,装卸公司仍然主张责任限制。美国最高法院认为装卸公司不能享有提单规定的责任限制权利,因为该提单中并未订立喜马拉雅条款,且该条款必须具备两个有效条件:"严格解释"和"明确的语言"②。

该案的意义在于美国最高法院首次明确拒绝承认喜马拉雅条款违反《美国海上货物运输法》(Carriage of Goods by Sea Act,以下简称 COGSA),从而肯定了喜马拉雅条款在美国的效力,但是指示下级法院严格解释该条款。这为后来的一个问题埋下了伏笔,即各级法院在具体案件中是否能判定装卸公司、理货人等各种履约人能够援引喜马拉雅条款而享有责任限制权利,一直没有定论。喜马拉雅条款的解释标准尚未明确,造成其后各法院在或宽或严的解释标准上摇摆不定。

(二)Kirby 案——内陆承运人有权援引提单喜马拉雅条款

在 Kirby 案中,争议双方为澳大利亚的制造公司 Kirby 公司和无船承运人 International Cargo Control(以下简称 ICC 公司)。ICC 公司签发了全程提单给 Kirby 公司(以下简称 ICC 公司提单),同意从澳大利亚运输货物到美国亚拉巴马州。ICC 公司又把运输安排给了海上承运人 HS 公司,HS 公司也给 ICC 公司签发了一套提单(以下简称 HS 公司提单)。HS 提单通过喜马拉雅条款将全程货物运输适用 COGSA 中的条款延伸到陆路区段的运输。随后,货物在美国内陆铁路运输部分被国内铁路承运人损毁,收货人起诉了铁路公司。美国上诉法院认为提单中的喜马拉雅条款不能延伸适用到其他责任方,如要延伸喜马拉雅条款的利益给内陆承运人,必须要求在合同中有特别的

---

① Robert C. Herd & Co. V. Krawill, 359 U.S. 297 (U.S. 1959);Grant Gilmore & Jr. Charles L. Black, *The Law of Admiralty 2ⁿᵈ ed*, Foundations Press,1975, p.149.

② 崔起凡:《喜马拉雅条款效力的扩张——评美国 2004 年 Kirby 案》,载《华南理工大学学报(社会科学版)》2009 年第 6 期。

语言称述。而美国联邦最高法院最后作出判决,认为尽管全程提单条款同州法相违背,但其也受联邦海商法的管辖。奥康纳大法官在 Kirby 案中解释道,"只要提单要求主要的货物运输是通过海运完成,它的目的就是去完成海商交易"。法院认为"在这类案件中适用州法会破坏普通海商法(general maritime law)的统一性""如果几部法律都管辖一个特定合同的含义,那么就会不可避免地造成困扰和低效率"。法院的结论"增强了国会在 COGSA 中建立的责任框架"并认为 COGSA 允许当事人在全程提单下将其条款扩展至内陆运输区段,否则,将会使 COGSA 明显的高效便利签订海上货物运输合同的目的落空。

Kirby 案的法律意见书中的开篇首句"这是一个有关火车失事的海商案件"(This is a maritime case about a train wreck),认为海运和非海运案件的界限很难划分。Kirby 案涉及联运提单下货物在美国内陆铁路运输区段损坏情形下的法律适用问题,影响了后来联邦法院不少案件的审理,这类案件的问题主要集中在如何判定一个合同是不是海商海事合同,以及是否可以适用联邦海商法。

(三)Kawasaki 案——内陆区段货损索赔可以适用当事人选择的 1936 COGSA

2010 年的 Kawasaki Kisen Kaisha Ltd.(以下称 K-Line) v. Regal-Beloit Corp.,561 U.S. 89 案是对 Kirby 案的延伸与补充,进一步明确了美国对全程提单中喜马拉雅条款效力的认定。案情如下:涉案货物由驶自中国的船舶卸下,并在加州长岛装载于联合太平洋铁路公司的火车运往美国中西部。该货物在俄克拉荷马发生的火车脱轨中损毁。申请人 K-Line 的提单包含了将提单项下的抗辩扩展至 K-Line 的分包人的条款(即喜马拉雅条款)。受损货物的货主和保险人首先在美国地区法院起诉 K-Line 和联合太平洋。联合太平洋以 K-Line 的提单条款中要求诉讼在日本进行为由提出驳回起诉动议。地区法院批准了动议,驳回被申请人的起诉。随后,第九巡回法院推翻了地区法院的判决,并认为规定州际铁路运输的一项联邦法律 Carmack Amendment (以下简称卡马克法)适用于全程运输中的铁路运输部分,并优先适用于提单中要求在日本提出诉讼的规定。最高法院受理了该案并对本案中应当适用 COGSA 还是卡马克法的争议进行裁决。如果适用 COGSA,日本法院选择条款有效,若适用后者则该条款无效。最高法院比较了 Kirby 案,认为 COGSA 下许可的提单规定可以被国内铁路承运人援引,尽管它同州法相违背。而本案涉及了 Kirby 案中未曾出现也没有解决的问题,即由海运承运人在国外签发的全程提单条款能否适用于铁路承运人负责的进口过程的国内部分,尽管另一项联邦法律对此做出了明确禁止或限制。此法即管辖国内铁路承运人所签发提单的卡马克法。最高法院首先分析了 COGSA 的适用。COGSA 适用于由外国港口同美国港口之间的海上货物运输,然而 COGSA 也允许当事人通过合同将特定的 COGSA 条款扩展到全程运输,包括内陆运输。随后法官分析了卡马克法的适用。卡马克法适用于美国国内铁路承运人签发的提单。卡马克法要求接收货物并提供铁路区段运输的铁路承运人签发提单。铁路区段是指地面运输委运会(Surface Transportation Board,以下简称 STB)所监管的所有美国国内的铁路运输。卡马克法将铁路承运人分为了三类:(1)铁路收货承运人(receiving rail carriers);(2)铁路交付承运人(delivering rail carriers);(3)铁路连接承运人(connecting rail carriers)。铁路收货承运人是为其所接收的货物在铁路运输段提供运输或服务的承运人。铁路交付承运人负责在 STB 管辖的运输段交付货物,为其提供运输和服务。铁路连接承运人负责货物在美国境内通过其铁路或路线运输或者在全程提单下,货物从美国某地到相邻国家的铁路运输。在卡马克法适用范围内,卡马克法要求不管损失由哪个承运人所造成,铁路收货承运人和铁路交付承运人都要对发生在提单项下铁路运输区段的货物损失承担责任。卡马克法此项规定的初衷是减轻货主在州际货物运输中所经常涉及的在许多承运人中寻找特定的过失承运人的负担。为达成这一目标,卡马克法限制了承运人通过合同限制其责任。卡马克法同时限制当事人诉讼地的选择,规定诉讼只能在美国联邦地区法院或州法院进行。肯尼迪大法官认为,最高法院在 Kirby 案中的分析适用于本案。K-Line签发了 COGSA 下的全程提单。国会承认这种国际全程提单并决定允许当事人将 COGSA 条款扩展至国内内陆运输区段。本案中货主和 K-Line 正是如同前述案件一样,对在东京提起诉讼达成了合意。

货主认为卡马克法有自己的法院地规定,这在 Kirby 案中没有考虑,因此认为本案应当有不同的结果。但是法院通过对卡马克法的文本、历史,以及目的的分析,认为卡马克法并不适用于独立的全程提单下由国外起运的货物运输。卡马克法仅仅适用于铁路收货承运人签发提单的货物运输,而在本案中,K-Line 在中国接收货物,在全程提单下运往美国。K-Line 因此不是卡马克法下的铁路收货承运人并且无须在卡马克法下签发提单。而联合太平洋也不是铁路收货承运人,因为它并不是最初接收货物的国内内陆运输承运人。因此本案中并没有卡马克法要求的签发提单的铁路收货承运人,卡马克法不适用,进而提单中当事人选择东京诉讼的条款有效,货主必须遵守他们自己订立的合同。最后，最高法院推翻了第九巡回法院的判决并将此案发回重审。最高法院最终判定 COGSA 的适用既优先适用于州法律，也优先于联邦卡马克法。

本案的判决进一步明确了美国对全程提单中喜马拉雅条款效力的认定，在多式联运应用越来越广泛的现代运输中，表明了美国维护多式联运法律统一性的立场。无论是 Kirby 案还是 Kawasaki 案，最高法院确立了宽松的解释标准，突破了 Herd 案中所要求的"严格解释"，也使得"海运服务""合同相对性"以及"明确的语言"等因素不再成为喜马拉雅条款效力上的阻碍，但也有美国学者质疑：当事人在订立喜马拉雅条款时，更可能是按判例法来考虑其含义，而不是按照条款上的通常含义。铁路公司与 HS 公司没有合同关系，可能不应被认定为意向中收益人。

从 Herd 案到 Kirby 案再到 Kawasaki 案，最高法院的解释标准逐渐有了突破，最高法院承认这种国际全程提单并决定允许当事人将 COGSA 条款扩展至国内内陆运输区段符合商业实践的需要。在海上货物运输领域，合同相对性原则与商业需要之间存在紧张关系，如果恪守合同相对性，势必对商业发展造成障碍。喜马拉雅条款的实用主义倾向能够更好地平衡各方当事人的整体利益，满足商业实践的需要，进而促进海运业以及多式联运业的稳定发展。

三、喜马拉雅条款实用主义倾向对陆海新通道适用的必要性和可行性

"一带一路"倡议下，中国积极推动新的国际合作市场、新的物流通道建设，为中国集装箱行业和国际多式联运提供了广阔的发展空间。[①] 尽管陆路运输有着准时、便捷的优势，但是相关的"软件条件"没有跟上，比如运输规则不统一、通关手续烦琐等问题，制约了国际陆海新通道的建设。

（一）喜马拉雅条款实用主义倾向对陆海新通道适用的必要性

我国与周边国家的经贸往来，大部分采取国际铁路货物联运方式。"一带

---

① 《中国集装箱与多式联运发展报告（2018）》指出，过去 40 年，全球集装箱生产经过四次产业转移。20 世纪 60 年代，美国、欧洲是世界集装箱的主要生产地；20 世纪 70 年代，日本成为世界集装箱制造中心；20 世纪 80 年代，韩国占据世界集装箱制造"霸主"地位，其集装箱产量占据世界产量 85％；20 世纪 90 年代，集装箱主要产地向中国、印度、马来西亚和泰国转移，1993 年中国集装箱产量跃居世界第一，并一直保持世界中心地位。

一路"倡议是陆海新通道的主要通道,也在我国西部大开发战略、发展亚欧大陆的一体化经济、发展与周边国家的睦邻友好关系上,起着必不可少的作用。国家发展改革委员会于 2019 年 8 月印发《西部陆海新通道总体规划》,研究制定支持西部陆海新通道沿线发展的具体政策措施,在重大项目改革、体制机制创新等方面给予积极支持,协调解决遇到的困难和问题。

在目前主要以陆路为主要贸易通道的基础上,西部陆海新通道强调陆海联运。国际货物联运的发展使得传统海运、铁路和公路运输中间的界限变得模糊,往往一个总运输公司承担了包括水运、铁路和公路运输的全部业务。一项国际货物联运必须依据运输方式的不同而分段适用不同的运输规则,这就导致了法律适用的复杂性与不确定性。在整个联运体系中,各个承运人多按照各自运输方式下所特有的国际公约或者国内法安排运输并承担责任,而这些运输规则却是破碎、复杂的甚至存在冲突和矛盾之处。例如,在一项国际海路铁路联运的运输合同中,如果双方当事人签订了一份运输合同含有喜马拉雅条款,依据《海牙-维斯比规则》第 3 条第 2 款,这样的约定是有效的,但是依据现有的国际铁路运输规则,这样的约定却是不允许的。那么发生争议时,该条款的效力就会存在争议。① 运输规则之间的界限模糊,进一步为法律适用带来了不确定性。

(二)喜马拉雅条款实用主义倾向对陆海新通道适用的可行性

根据《海商法》及司法实践,我国移植《汉堡规则》"喜马拉雅条款",将其本土化表述为我国海商法的"实际承运人"制度以及《海商法》第 58 条第 2 款。在我国喜马拉雅条款的适用空间相比美国要小得多。2004 年的"福建顶益食品有限公司诉广州集装箱码头公司案"中,中远集装箱运输有限公司运输的福建顶益食品有限公司的货物抵达目的港,由广州集装箱码头有限公司(以下简称码头公司)卸货,由于操作过错致使货物受损。在该案中,广东高级人民法院否定了提单中喜马拉雅条款的效力,码头公司不得依此主张责任限制权利,并认定该纠纷应适用民法和合同法,按照受损害人的实际损失进行赔偿。最后的结果是,承运人向货方限额赔付,再根据合同向港口经营人追偿,而根据货方向港口经营人的直接诉讼,港口经营人又不能享有责任限制,最后的结果是货方可以从港口经营人处获得全额赔偿。港口经营人最后要承担 66 万多

① 李大朋:《论"一带一路"倡议下以铁路运输为中心的国际货运规则重构》,载《武大国际法评论》2017 年第 4 期。

美金的损失,而实际上,该码头所收取的费用不过百余元。此案判决一出,引出许多质疑的声音,有人就批评广东高级人民法院僵硬地适用法律,未能发现"空白之处"以及填补"隐含"之意,造成判决结果对于码头公司的严重不公,不利于鼓励港口及航运的发展。[①]

陆海新通道是一个综合运输通道,不仅是交通通道,更多是产业通道、贸易通道。通过打造通道化、枢纽化物流网络,大力发展多式联运,改善整个西部地区的环境,从而对产业经济发展起到带动作用。"一带一路"倡议下,中国积极推动新的国际合作市场、新的物流通道建设,为中国集装箱行业和多式联运提供了广阔的发展空间。2019 年 9 月,西部陆海新通道铁海联运铁路箱首次下海出境专列从重庆团结村铁路中心站顺利出发,标志着西部陆海新通道的铁路集装箱将首次通过海运出境。此次专列发车是西部陆海新通道首次采用铁路箱承运外贸货,实现了铁路箱"一箱到底"的全程多式联运创新模式。这样的创新模式不仅为西部地区开辟了一条最便捷的出海物流大通道,还实现了"一带一路"在西部地区的有机连接。2020 年 11 月,《中共中央关于制定国民经济和社会发展第十四个五年规划和二〇三五年远景目标的建议》,明确提出了"构建以国内大循环为主体、国内国际双循环相互促进的新发展格局"。未来伴随着中国制造业从低端到中高端的进一步攀升,以及东南亚经济的快速增长,陆海新通道等国际物流大通道将让西部成为中国向西、向南开放的窗口。《中国(重庆)自由贸易试验区条例》支持铁路、公路、水运、航空等多种物流方式联动的西部陆海新通道建设,探索陆上贸易新规则。可以预见,世界在未来数十年甚至更久,将更多地通过陆上进行融合,陆权经济的份额会在未来三五十年中高速增长。发展国际陆上贸易已然成为谋划未来我国经济社会发展的重要战略抉择。

四、喜马拉雅条款实用主义倾向影响下陆海新通道承运人责任问题探析

我国《海商法》58 条第 2 款是根据《汉堡规则》喜马拉雅条款的表述而本土化的,具体为"前款诉讼是对承运人的受雇人或者代理人提起的,经承运人的受雇人或者代理人证明,其行为是在受雇或者受委托的范围之内的,适用前

---

① 崔起凡:《喜马拉雅条款效力的扩张——评美国 2004 年 Kirby 案》,载《华南理工大学学报(社会科学版)》2009 年第 6 期。

款规定"。① 但现代"门到门"货物联运规则,是将以往"钩到钩""港到港"的适用范围扩大到"门到门"。现代物流引发的革新变化,也带来了法律规则的重构。

从喜马拉雅条款在上述三个案例中的适用,可以看出承运人的范围在不断地扩大:Herd 案要求用"明确的语言""严格解释",到了 Kirby 案和 Kawasaki 案,内陆承运人有权援引提单喜马拉雅条款,海运和非海运案件的界限开始模糊。喜马拉雅条款的实用主义倾向使得一个典型的海运条款适用至多式联运的规则上。陆海新通道是典型的多式联运,也是"探索海运和铁路集装箱共享管理机制"的尝试和实践。② 我国已全面参与国际经济体系变革和规则制定,党的十八大以来,以习近平同志为核心的党中央统筹国内国际两个大局,推进对外开放理论和实践创新,不断提高对外开放水平,推动开放型经济新体制逐步健全,形成全面开放新格局。目前"一带一路"倡议所涉及的铁路运输主要受《国际货协》《国际货约》调整,而国际海运为《海牙规则》、《海牙-维斯比规则》以及《汉堡规则》所调整,这些公约所创设的法律体系差别巨大,相互之间几乎没有联系。在联运体系中,承运人多按照各自运输方式下所特有的国际公约或者国内法安排运输并承担责任。国际贸易需要执行一套统一的运输规则,像喜马拉雅条款本来是典型的海运规则,也在商业实践的逐渐演变中侵蚀了传统海运、铁路之间的界限,打破了具体的运输规则范围。突破海上运输单一规则,将比较成熟的海上运输规则移植到陆海新通道法律对接的实践当中,是当今陆海新通道规则突破的必要路径。

回归到我国《海商法》及司法实践。近年来,我国海运业发展迅速,成就显著。但当前海运业法律的发展还不能完全适应经济社会发展的需要。《海商法》修改现已被交通运输部提上日程。我国借鉴《汉堡规则》"实际承运人"概念,条款适用主体为承运人及实际承运人的受雇人或代理人,也就是喜马拉雅条款,但司法实践对"实际承运人"存在适用争议,其中最突出的是港口经营人地位的问题。随着海运业的发展、多式联运的普及、陆海新通道新型运输方式的普及,承运人的经营内容早已超出法律规定范围。结合我国海商法实践及法治需求,笔者认为在《海商法》第 58 条第 2 款适用主体中加上港口经营人,或者取消实际承运人概念,将承运人之外的,履行或者承诺履行承运人义务的

① 张湘兰、邓瑞平、姚天冲:《海商法论》,武汉大学出版社 2002 年版,第 332 页。

② 国家发展改革委员会关于印发《西部陆海新通道总体规划》的通知,http://www.gov.cn/xinwen/2019-08/15/content_5421375.htm,最后访问时间:2021 年 3 月 15 日。

相关人均纳入海运履约方概念之内,有利于澄清法律,完善海商法治建设。

货运双方的权利义务的关键在于承运人的责任问题。从《海牙规则》《海牙-维斯比规则》,再到《汉堡规则》《鹿特丹规则》,可以看到喜马拉雅条款承运人免责主体及实体权利义务的范围在扩大,但这些规则却越来越倾向于平衡货运双方的利益,如依据《海牙规则》《海牙-维斯比规则》,承运人享有非常广泛的免责事由以及非常低的责任限制,尤其是航行过失和火灾免责,且没有明确规定延误是否应当承担责任。《汉堡规则》为了使双方利益平衡,更是取消了航行过失和火灾免责,明确规定延误也应当承担责任。[1]《鹿特丹规则》更使承运人的责任进一步扩大。根据《鹿特丹规则》第 17 条,货物损坏、灭失或延误或者造成货物损坏、灭失或者延误的原因发生在承运人接收货物至交付货物的期间内,承运人都要承担责任。但是铁路的两大公约之一《国际货协》第 22 条第 2 款中规定,承运人因不能控制或者不能避免的原因而免责。对于承运人责任问题,应该在海运、陆运的现有公约基础之上,合理安排承运人、托运人和收货人的权利义务。

五、结语

从喜马拉雅条款实用主义倾向的分析可以看出,普通法系国家根据商业实践的需要,都承认了喜马拉雅条款的效力,以美国为例,目前已是以比较宽松的态度来认定喜马拉雅条款也可以涵盖内陆承运人了。国际货物多式联运业务具有非常复杂的程序,缔约双方难以在合同中明确的,只能按照合同的意思来确认。将喜马拉雅条款引入合同,是为了保护第三人免受侵权之诉。伴随着我国陆海新通道的发展,产生的新问题会更多,也许单纯依靠现有立法去解决问题会带来很大的不便,所以最好的解决办法是针对海上运输、铁路运输、公路运输、航空运输,加以统一立法,为各方问题的解决及法院的判决都带来便利。我国作为制造业大国,贸易经济活跃,应该配套制定、更新与经济地位相匹配的法律并对其给予积极回应,如此可以突破海上运输单一规则,将比较成熟的海上运输规则移植到陆海新通道法律对接的实践当中。

---

① Jane Ramberg, Global Unification of Transport Law: A Hopeless Task?, *Penn. St. Int'l L. Rev.* (2008-2009), Vol.27, No.3, p.853.

专题二

中国—东盟区域
法治问题

加强中国—东盟反恐情报领域合作：现状、问题与出路[*]

肖　军[**]

摘要： 以情报为切入点研究中国—东盟及其成员国应对恐怖主义合作体系的现状及问题，为构建中国—东盟应对恐怖主义犯罪情报框架，从而加强政治安全合作并落实总体国家安全观出谋划策。通过对东盟官方网站和法律原文、报告、文献资料以及中国—东盟合作实践分析，从情报制度、主体、行动等方面入手，指出中国—东盟在反恐情报立法、合作以及数据库建设方面的不足之处。结合国际法和国内法，欲构建中国—东盟应对恐怖主义犯罪情报合作体系，需要围绕双方备忘录中情报交换、人员交流和培训、执法合作、联合研究等议题，在未来制定情报法律政策，规范情报收集程序，倡导情报研判共享，促进情报人员交流，开展情报联合研究。

关键词： 中国—东盟；反恐情报；情报合作；国家安全；情报立法

2018 年，为纪念中国—东盟战略伙伴关系 15 周年，在第 21 届东盟—中国峰会上发布了《中国—东盟战略伙伴关系 2030 年愿景》（以下称《2030 年愿景》）。该愿景指明了中国—东盟总体关系，并在此基础上提议双方在政治安全、经济、社会文化领域展开充分合作。在国际合作与总体国家安全观的双重考察范畴内，中国—东盟之间的政治安全合作为研究的重点。在政治安全领

* 本文系中国—东盟法律研究中心资助 2019 年度规划课题"总体国家安全观视野下的中国—东盟警务合作研究"、2017 年度国家社科基金重大招标项目"构建中国特色境外追逃追赃国际合作法律机制研究"（17ZDA136）、中国博士后科学基金第 63 批面上资助项目（2018M633622XB）的研究成果。

** 肖军，西南政法大学教授、博士生导师，西南政法大学与贵州省社会科学院联合培养博士后，法学博士，研究方向：刑事侦查学、情报学。

域，双方在防务、安全、非传统安全和应对跨境威胁等领域通过开展对话，通过相关机制加强反腐败合作，认识到有效应对跨境犯罪、恐怖主义等非传统安全威胁和跨境挑战的紧迫性，有必要强化地区之间的合作。一方面，这些愿景都体现了总体国家安全观中的"共同""合作""互信""协作"理念；另一方面，在中国—东盟合作范畴内可以重点关注非传统安全领域，尤其是反腐、反恐以及打击跨境犯罪。① 而中国—东盟应对恐怖主义犯罪在情报领域的合作尤为重要，情报导向的程度如何直接决定了反恐的效力。同时，在东盟区域内，情报体系的建设直接影响政治安全合作的成效。所以，有必要先梳理东盟情报领域建设情况，一来在合作之前充分了解东盟情报体系建设，知己知彼；二来了解之后才能找出中国—东盟政治安全合作（尤其是应对恐怖主义犯罪）过程中的问题，以提出相关对策，解决特殊难题。②

一、中国—东盟应对恐怖主义犯罪情报合作现状

（一）东盟情报体系自身建设概况

1.制度上：确定分工，架构支撑体系建设

自 1999 年起每年召开的跨国犯罪问题高级官员会议（Senior Officials Meeting on Transnational Crime，SOMTC）成为东盟合作制度的一环，最近一次会议于 2020 年 7 月举行。该会议持续关注东盟跨国犯罪问题。同时，其确定了由哪个国家主要负责何种犯罪，分工如表 1。

表 1　东盟成员国对主要犯罪管辖的分工

序号	成员国	负责犯罪	序号	成员国	负责犯罪
1	马来西亚	洗钱、海盗、偷渡	4	菲律宾	贩卖人口
2	新加坡	跨国犯罪、网络犯罪	5	柬埔寨	走私武器
3	泰国	走私、贩卖毒品和野生动物	6	印度尼西亚	恐怖主义

---

① CGTN. China，ASEAN to Adopt Strategic Partnership Vision towards 2030，https://www.apdnews.com/e-china/900578.html，最后访问时间：2020 年 8 月 1 日。

② 本文所有资料皆是通过东盟官方网站和原文资料库这些公开渠道收集的，不涉及保密和敏感问题。

为了落实合作制度，针对不同种类的犯罪，东盟还组建了多个工作组，包括打击贩卖人口犯罪工作组、反恐工作组、打击网络犯罪工作组、打击走私武器工作组、打击走私贩卖野生动物组、贩卖人口专责小组（详见表2）。每个工作组主要负责各自领域的犯罪政策的制定，并在跨国犯罪问题高级官员会议期间召开年会，讨论一年来打击犯罪的情况，反思打击能力建设（含国际执法合作效果），交流培训和共享情报，制定下一年的路线、措施。①

表2　东盟个性化打击犯罪小组

序号	小组名称
1	贩卖人口问题工作组（SOMTC WG on TIP，2007 年 6 月成立）
2	反恐怖主义工作组（SOMTC WG on CT，2007 年 6 月成立）
3	网络犯罪问题工作组（SOMTC WG on CC，2013 年 9 月成立）
4	武器走私问题工作组（SOMTC WG on AS，2017 年 9 月成立）
5	非法贩运野生动物和木材问题工作组（SOMTC WG on ITWT，2017 年 9 月成立）
6	贩卖人口问题专责小组（HSU，2004 年 4 月成立）

截至 2020 年 2 月，东盟还制定了一系列的制度框架。（如表3）

表3　东盟领域打击犯罪制度架构

序号	类型	具体名称
1	公约	东盟反恐公约
2		东盟禁止贩卖人口特别是妇女和儿童公约
3	宣言	2001 年东盟反恐怖主义联合行动宣言
4		关于东南亚不正常人员流动的吉隆坡宣言
5		东盟禁止贩卖人口特别是妇女和儿童宣言
6		东盟打击跨国犯罪宣言
7		打击跨国犯罪吉隆坡宣言

---

① ASEAN. Senior Officials Meeting on Transnational Crime, https://asean. org/asean-political-security-community/asean-ministerial-meeting-on-transnational-crime-ammtc/senior-officials-meeting-on-transnational-crime-somtc/，最后访问时间：2020 年 8 月 2 日。

续表

序号	类型	具体名称
8	行动计划	东盟防止和打击激进主义和暴力极端主义抬头行动计划（2018—2025）
9		东盟反恐综合行动计划（2017 年 9 月 20 日）、东盟反恐综合行动计划（2009 年 11 月 17 日）
10		东盟打击贩运人口特别是妇女和儿童行动计划
11		东盟打击跨国犯罪行动计划（2016—2025）、东盟打击跨国犯罪行动计划（2017 年 9 月 20 日）
12	指南	东盟跨国犯罪问题部长级会议外部参与的指导标准和方式
13		东盟跨国犯罪问题部长级会议职权范围
14	工作安排	东盟防止和打击激进主义和暴力极端主义抬头工作安排（2019—2025）

以反恐为例，早在 2001 年，东盟通过了《东盟反恐怖主义联合行动宣言》（2001 ASEAN Declaration on Joint Action to Counter Terrorism）；其后，2007 年通过了《东盟反恐公约》（ASEAN Convention on Counter Terrorism）[①]，具体化了东盟区域反恐合作的路径。[②] 2017 年 9 月 20 日，为加强东盟成员国执法和情报机构及相关当局在打击、预防和制止恐怖主义、恐怖组织，破坏其支持网络，阻碍其恐怖行动计划，并将其绳之以法等方面的合作，东盟通过了反恐综合行动计划（ASEAN，Comprehensive Plan of Action on Counter Terrorism）。该计划通过发现恐怖主义的根源和有利于恐怖主义蔓延的条件来防止恐怖主义行为，进而保护东盟成员国国家的公民，同时减少东盟成员国重要基础设施遭受恐怖袭击的可能性。也就是说，通过长时间的经验总结，逐步完善反恐行动，制定详细的计划以供支撑。

2.主体上：东盟警察组织负责情报事宜

东盟领域内较为重要的负责情报建设的主体当属东盟警察组织（ASEANAPOL）。该组织的目标是提高警察职业素养、加强区域警务合作、

---

① Koh Kheng-Lian，ASEAN Convention on Counter Terrorism，*ASEAN Environmental Law，Policy and Governance：Selected Documents*，Vol.1，2009，pp.161-173.

② 王君祥：《〈东盟反恐公约〉：区域合作反恐法律机制及评析》，载《东南亚纵横》2009 年第 7 期。

促进成员国警察之间的持久友谊，愿景是"我们一起保护这个地区的安全"（从本质上体现了成员国警察在区域警务领域加强合作的理由，确保了区域的安全），使命是"通过加强联系和创造性的警务合作预防和打击跨国犯罪"——共同贡献和协同警务情报和专业知识，有效打击有组织和新兴的国际犯罪，建立一个更安全的东盟共同体。

东盟警察组织设有秘书处，目的是确保有效执行东盟警察组织会议通过的所有决议；作为一种协调和沟通机制，允许成员建立和保持成员之间的所有互动渠道；促进成员之间的互助与合作；以及努力加强打击跨国犯罪的区域合作能力。具体而言，秘书处拟订和执行工作计划，以有效执行在东盟警察组织会议上签署的年度联合公报中通过的所有决议；促进和协调情报和信息共享与交流方面的跨境合作；促进和协调联合行动和活动，包括刑事侦查、建立和维护数据库、培训、能力建设、开发科学侦查手段、技术支持；在东盟警察组织会议方面提供支持和必要的协助；每季度向东盟警察组织提交关于所有计划的方案和将要开展的活动的建议；编写关于其活动和支出的年度报告；作为东盟警察组织所有文件和记录的保管人。①

3.行动上：加强情报交流与共享

东盟警察组织等东盟机构可以与国际刑警组织密切合作，改进关于遗失和被盗护照、遗失和被盗车辆、指纹、通缉犯等的情报共享方式；为国际刑警组织 I-24/7 数据库提供数据和更新，包括其被盗和丢失的旅行证件数据库、国际刑警组织-联合国安全理事会特别通告、橙色通告、指纹、DNA 数据。

东盟反恐综合行动计划中则要求东盟各成员国通过分享最佳做法、知识、专业技术和关于如何预防、保护人民免受袭击和应对恐怖主义的情报，加强东盟成员国的国家治理能力，以打击恐怖主义；加强东盟反恐情报合作，建立有效机制，促进参与反恐怖主义的东盟成员国有关执法机构和有关当局之间的合作；在区域层面上开发综合能力，通过充分利用现有的参与反恐的东盟机构的能力，包括东盟跨国犯罪问题部长级会议（AMMTC）和 SOMTC，防止和应对恐怖主义；通过与东盟对话和与部门伙伴以及相关国际组织密切合作，在执行《打击国际恐怖主义联合宣言》方面促进国际合作；开展行政培训中心和执法机构的相关活动，例如雅加达行政执法中心、东南亚区域反恐中心、国际执法机构。东盟应制定适当的立法，以履行各项义务，并使东盟成员国能够批准

----

① Introduction of ASEANAPOL, http://www.aseanapol.org/about-Aseanapol, 最后访问时间：2020 年 8 月 2 日。

与恐怖主义有关的国际文书;确保所有反恐措施都尊重和促进国际法,特别是国际人权法和人道主义法的适用规定;执行安全理事会有关国际恐怖主义的适当决议,并与安全理事会反恐附属机构合作,按照《东盟宪章》所载原则和东盟政治安全共同体蓝图履行其任务;加强刑事司法合作。

(二)中国—东盟反恐情报合作现状

近年来,中国公安部高度重视并大力推动中国—东盟区域执法合作工作,尤其是警务合作,充分发挥高层互访的引领作用,有效利用有关会晤机制平台,定期与东盟相关部门就反恐、禁毒、网络安全、打击跨国犯罪、追逃追赃、海外利益保护等议题进行坦诚深入的交流磋商,有效增进互信、凝聚共识,为不断深化务实执法合作发挥了重要作用。2018年11月1日,中国和东盟成员国负责处理跨国犯罪问题的部长/代表,在缅甸内比都参加了第六届东盟加中国跨国犯罪问题部长级会议(第六届 AMMTC+中国)。会议承认并赞扬东盟成员国和中华人民共和国在打击恐怖主义、非法贩毒、人口贩运、洗钱、海盗、武器走私、国际经济犯罪、网络犯罪等跨国犯罪方面加强伙伴关系与合作的努力,以及在执法能力建设方面的成果(指签署《中国—东盟关于非传统安全领域合作谅解备忘录》,该备忘录已于2017年续签)。[1] 2019年11月28日,第七届会议在泰国曼谷举行。会议讨论主题仍是深化诸如打击人口贩运、网络犯罪、恐怖主义和暴力极端主义、非法毒品贩运和逃犯逮捕、调查等方面的合作。[2]

同时,双方积极参与国际组织及相关多边合作机制框架下的执法合作,主要包括湄公河流域执法安全合作机制以及联合国、国际刑警组织、上海合作组织合作,还有针对打击毒品犯罪、金融经济领域犯罪、偷渡和非法移民等问题

---

① ASEAN Ministerial Meeting on Transnational Crime(AMMTC). The Sixth ASEAN Plus China Ministerial Meeting on Transnational Crime(6TH AMMTC+China) Consultation, https://asean. org/storage/2012/05/Adopted-Joint-Statement-6th-AMMTC-China.pdf,最后访问时间:2020年8月2日。

② ASEAN Ministerial Meeting on Transnational Crime(AMMTC).Joint Statement the Seventh ASEAN Plus China Ministerial Meeting on Transnational Crime(7th AMMTC+China), https://asean. org/joint-statement-seventh-asean-plus-china-ministerial-meeting-transnational-crime-7th-ammtc-china-consultation/,最后访问时间:2020年8月2日。

的专门合作组织或会议等①，取得了丰富的成果。这依赖于法律、理论与实践的三重保障。

1.法律上：总体框架之建立使得情报合作密切

中国政府和东盟成员国政府为加强友好合作关系，落实2002年11月4日发表的《中国—东盟关于非传统安全领域合作联合宣言》，于2004年1月10日签订了《中国—东盟关于非传统安全领域合作谅解备忘录》，规定了双方合作的目标、合作领域、备忘录实施、财政安排、保密、备忘录中止、备忘录修改、争端解决以及备忘录生效、备忘录期限、备忘录终止等事宜。根据备忘录，双方可以按照本国法律和条例制定切实可行的战略，以增强每个国家和整个区域处理非法药物贩运、海盗行为、包括贩运妇女和儿童在内的人口走私、武器走私、恐怖主义、洗钱、网络犯罪和国际经济犯罪等非传统安全问题的能力。双方也重申进一步加强在非传统安全领域合作的共同承诺，制定了《2019—2023年东盟—中国非传统安全领域合作工作计划》，落实上述备忘录，重点关注双方在非传统安全领域的合作利益，如信息交流、人员交流培训、执法合作。在这方面，责成东盟和中国处理跨国犯罪的高级官员每年通过SOMTC＋中国磋商监督工作计划的执行。由此观之，在情报方面，双方可以展开情报交换、人员交流和培训、执法合作、联合研究等方面的工作。这几方面的工作基本圈定了双方在打击跨境恐怖主义犯罪过程中情报合作的范畴。

具体到反恐领域，双方也签署了谅解备忘录等框架性的协议。如为了打击恐怖主义，2018年3月，东盟警察组织秘书处与上海合作组织区域反恐机构洽谈，计划签署谅解备忘录。现有的备忘录是一份计划启动文件，主要侧重于两个实体之间在打击跨地区恐怖主义方面的合作，其中包括情报方面的合作。备忘录中提出的新问题需要成员国达成共识，包括逮捕现有恐怖分子和为应对他们回国时对国家的威胁而应采取的行动计划，以及情报共享投入、获得成员国的批准后再提请警察机构执行的建议。② 其中，情报共享是该备忘录提出的要求。

①　张耀宇、石杨：《合作共赢，打造国际执法安全合作"黄金时代"》，载《人民公安报》2017年2月6日。

②　Supt. Raiz Mukhliz Azman Aziz. Collaborative Efforts on Sharing of Information Between ASEANAPOL Secretariat and Regional Anti-Terrorist Structure of Shanghai Cooperation（RATS-SCO），Supt. Jim Wee edits，8th-edition-aseanapol-bulletin，printed by Superior Press SDN，BHD，2019，pp.37-38.

2.理论上:情报认知理论使得情报合作有理可遵

一直以来,中国和东盟的反恐合作十分重视情报分享,如上述所言,情报共享是备忘录中的要求,而这无疑是基于情报认知理论。在情报认知理论中,情报知识观具有非常高的参考价值。在诸多的研究中,笔者关注到"去政治化"和"情报是知识"相关论断。实际上,"去政治化"观点与"情报是一种知识"的定义在逻辑上是相呼应的。如果情报是知识,那么情报就是科学,科学要追求真理性,就应当符合理性原则和遵循客观公正原则,从而导出情报必须无政治偏见、无政治立场和无国界分歧的观点。正是情报认知理论和情报知识观,才让中国与东盟在反恐情报合作方面逐渐消除了政治偏见与国家间的分歧,迎来了双方情报合作的最佳时机。①

另外,结构化分析方法在双方反恐情报合作中也起到了至关重要的作用。首先,结构化分析方法是情报共享流程中的一个重要部分,不同国家的工作人员都朝着一个共同的目标合作,是情报认知理论在方法领域的拓展。其次,结构化分析方法还要求不同国家的合作人员在情报尚处于概念化阶段时就展开协作,使所有相关信息和情报都能共享,比如该方法包含的"事前分析法""结构化自我批判法""对抗性协作法"已经基本成为情报共享的基本要求,以最大程度地解决分歧。这同时也要求中国与东盟情报合作过程中善于利用此法来解决矛盾与冲突。②

3.实践中:破获案件之成功使得情报合作有例可循

中国与东盟在联合打击拐卖人口犯罪、毒品犯罪、网络诈骗犯罪、恐怖主义犯罪等方面取得长足的效果,得益于双方的情报合作。中国公安部于2018年7月至12月与东盟及其成员国警方开展联合打击拐卖人口行动。此次行动目标是我国与东盟及其成员国及时互通跨国拐卖人口和婚姻诈骗犯罪情报,开展联合打击行动,加强区域协作和情报信息交流,彻查犯罪网络,坚决摧毁境内外拐卖犯罪团伙。多方在坚持"主动侦查、积极经营、深度研判、集中打击"模式的基础上,密切配合,合力攻坚,摧毁了一大批跨国拐卖犯罪网络。我国在边境地区已经建了8个打拐执法合作联络官办公室,和越南、缅甸、老挝通过这些联络官办公室及时沟通相关情报,也方便做好送返移交受害人的工

① 赵冰峰:《情报学:服务国家安全与发展的现代情报理论》,金城出版社2018年版,第104～106页。

② [美]小理查兹·J.霍耶尔、伦道夫·弗森:《情报分析:结构化分析方法》,张魁、夏儒锋、刘辉军等译,金城出版社2018年版,第356～357页。

作。行动期间破获拐卖案件共 634 起，抓获犯罪嫌疑人 1130 名，解救外籍被拐妇女 1130 名、儿童 17 名。破获婚姻诈骗案件共 126 起，抓获犯罪嫌疑人 202 名，其中外国籍 109 名。①

在反恐合作方面，中国与东盟及东盟成员国也取得了丰硕的成果。同时，上述其他案件的实践经验也可以借鉴到反恐情报合作当中来。而从多起反恐案例的成功经验来看，在情报合作方面，首先是要坚持情报导侦，实施精准打击，确保做到案不漏人、人不漏罪。例如，在中国与东盟合作的一些打击恐怖主义的案件中，依靠情报合作迅速锁定了恐袭嫌疑人，并将其一举抓获。其次是要坚持打数据战、科技战。中国与东盟警方充分运用了大数据和高科技手段来应对恐怖主义。通过情报研判和技术比对来侦破案件和抓捕嫌疑人无疑是双方应对跨境犯罪最有力的武器。在部分合作案件中，双方通过情报分析辅以科技手段，提前监控嫌疑人，在嫌疑人实施恐怖袭击前，将其抓获，避免了大规模的伤亡。同时，中国与东盟部分成员国之间的"澜湄合作"，也可属于双方合作的一环。目前，目标是争取在联合反恐方面取得突破，早日签署"澜湄联合反恐协议"以加强情报共享。上述实践证明，未来双方打击恐怖主义，需要继续依靠情报合作。

二、中国—东盟应对恐怖主义犯罪情报合作存在的问题

不同跨国犯罪的犯罪嫌疑人正在使用新战略和新技术，这些新战略和新技术不能单靠一个国家来解决，所以高度鼓励东盟和中国采取必要措施，通过交流情报和最佳经验，密切合作，以打击恐怖主义，从而共同维护地区和平稳定。虽然中国与东盟注意到了这一问题，但是，双方的合作还是存在一定的问题。正如在 2018 年、2019 年 SOMTC 会议中提到的那样，双方致力于进一步加强东盟和中国执法人员的能力并探讨加强国际合作的措施，然而在应对跨国电信和网络犯罪领域，以及在根据谅解备忘录追捕逃犯、打击网络恐怖主义方面，双方遇到了前所未有的新挑战。凡此种种，确实与情报合作不到位息息相关。

---

① 国务院新闻办公室：《公安部举行六国联合打击拐卖人口行动发布会》，http://www.scio.gov.cn/xwfbh/gbwxwfbh/xwfbh/gab/document/1657645/1657645.htm，最后访问时间：2020 年 8 月 3 日。

（一）情报合作立法有待完善

随着中国—东盟交流的日益频繁，在警务和刑事司法合作的框架之下部分案件也开展了刑事情报合作[1]，但是双方关于情报方面共同参加的国际公约和相互签署的国际条约较少且适用率低，国际条约与国内法转化之间存在脱节，影响到了情报合作工作。而即便是东盟各成员国在刑事诉讼程序（包括证据的可采性）、打击犯罪方面的差异和差距也不可小觑，这直接影响了合作的效果；在实践中，也引发了一些困难。

由此可见，中国—东盟打击跨国犯罪，除了继续保持和拓展当前情报合作外，还须尽快从司法协助条约和国内法层面予以明确规定。[2] 也就是说，中国—东盟应对恐怖主义犯罪的情报合作，不仅是中国—东盟实体之间的合作，还是中国—东盟成员国之间的合作，而东盟实体与东盟成员国本身也存在合作，多重合作交织在一起，更是增添了难度，尤其是在立法上，需要尽可能对不同法律体系中的情报立法进行协调。

（二）情报合作机制有待改进

在实践中虽然取得了丰硕的成果，但同时也反映出不少问题。如中国—东盟办理跨境犯罪案件的周期很长，不利于案件的侦破。这其中有一部分原因是情报合作不到位，即情报交流不畅让办案走了不少弯路。本来跨国案件的办理流程就相当复杂且环节颇多，如果在情报合作方面再出问题的话，案件的侦办就更加地耗时耗力。所以，为了缩短办案周期，亟待完善情报合作机制。一方面，以情报为突破口，加强双方的合作力度和效率；另一方面，情报合作机制的情报收集、存储、研判、共享等相关领域，都需要加以改进。

而作为非权力机构的东盟警察组织，如何开展执法合作，并在东盟成员国警察部队之间建立持续的情报交流，也是世界范围内非权力机构在打击犯罪时普遍遇到的问题。

实际上，情报的实践性理论已然决定了情报组织存在主体间的差异性。反映在不同国家间的合作方面，即各方由于情报主体具有不同的价值诉求，情

---

① 蒋巍：《中国—东盟命运共同体背景下刑事情报合作研究》，载《社会科学家》2019年第 7 期。

② 雷珺：《中国—东盟司法合作研究（1991—2014）》，中国社会科学出版社 2016 年版，第 139~153 页。

报活动受价值观影响，其所应用的情报理论、方法及组织分别在形态、方法和结构上具有主体间的主观差异①，这种差异导致了各方在情报合作机制构建的过程中存在一定的障碍，难以克服。

(三)情报的数据库有待建立

在不同国家建立统一的情报数据库是一件非常困难的事，这涉及国家主权原则问题。国家主权原则，是指国家在国际交往中相互尊重国家主权，彼此承认在其本国领域内按照自己的意志，独立自主地决定对内对外事务的最高权力的国际行为准则。一方面，跨国犯罪活动对独立国家的国家主权和完整构成威胁，危及独立国家政府的生存；另一方面，国家间打击犯罪的合作需要放弃一些国家主权，即为了更有效地保护国家主权，必须放弃一部分主权，这是一个悖论。跨国问题不能通过严格适用传统原则来解决。打击犯罪要求东盟成员国在一系列具体问题上享有有限形式的共同主权。这种共同主权可能来自国际条约和公约，这可能导致形成一些侧重于跨国问题的超国家结构。如果想要构成中国—东盟命运共同体，那么意识路径和现实中的务实、互惠合作路径必不可少，只得在不同国家寻求多样化发展和包容性发展。②

但是在打击跨境犯罪的过程中，又不可绕开情报数据库这一支撑工具。情报数据库是犯罪打击过程中情报收集、分析、研判的载体，尤其是对于跨境犯罪而言，双方有情报数据库作为支撑，一来可以提高效率，二来可以积累经验。所以如何在主权问题下依据共同体理念建立反恐情报数据库是未来需要解决的重要问题。

三、中国—东盟应对恐怖主义犯罪情报合作出路

(一)制定情报法律政策

从东盟政治安全共同体的角度来看，东盟领域内的犯罪也归为国家安全领域，这与我国贯彻总体国家安全观有异曲同工之妙。依法维护国家安全是

---

① 赵冰峰：《情报学：服务国家安全与发展的现代情报理论》，金城出版社 2018 年版，第 152～153 页。

② 王帆、凌胜利主编：《人类命运共同体：全球治理的中国方案》，湖南人民出版社 2017 年版，第 146～147 页。

各国通行的做法。这要求从本国国情和维护国家安全的实际需要出发,有针对性、有重点地将国家安全领域的相关事项在立法中予以明确。即,加强重点领域的立法是贯彻落实总体国家安全观、加快国家安全法治建设、推动公共安全法治化、构建国家安全法律制度体系的必由之路。[①]这一立法包括国家法、国际法,也是我国与东盟反恐情报方面合作的依据。基于此,中国与东盟目前加入的主要机制体现在维护政治和安全、打击跨境犯罪方面,如表4所示,需要逐一落实。首先,双方应编制打击恐怖主义犯罪领域的情报法律法规;其次,各方可签署打击恐怖主义犯罪领域的关于情报的双边协定;再次,双方应根据各自的国家法律和政策,就非传统安全问题交换情报;最后,双方应在符合各自国家法律和政策的情况下,交流用于预防和侦查非传统安全领域犯罪尤其是恐怖主义犯罪的特殊设备和技术的情报信息。

表 4　中国与东盟加入的主要机制

种类	机制	成员	起始年
政治安全	东盟与中国关于非传统安全领域合作的联合声明	中国、东盟	2002
	东盟区域论坛	包括中国在内的27个国家	1994
跨境犯罪	东盟＋1,东盟＋3	中国、日本、韩国、东盟	1990
	东盟与中国应对危险药物合作行动	中国、东盟	2000
	东亚次区域药物管制谅解备忘录	中国、柬埔寨、老挝、缅甸、泰国、越南	1993

　　除了双边立法,我国国内法也需要相应调整。例如,我国关于反恐情报合作的立法有《国家情报法》《反恐怖主义法》《警察法》《刑事诉讼法》,但是没有形成统一的、一致化的体系,内容较为分散、凌乱,甚至有些内容还未提及。若以总体国家安全观和人类命运共同体理念为指引,应当在《国家安全法》的统领下,将情报合作工作从法律角度纳入国家安全,在我国《国家安全法》《国家情报法》中明确维护我国海外利益(公民、企业、平台等利益)的相关内容,并将反恐情报研究的重点放在涉外反恐情报收集、情报分析、情报共享等方面。从理论上来讲,这三个方面是国家安全情报流程的关键环节。具体而言,情报收

[①]　全国干部培训教材编审指导委员会编:《全面践行总体国家安全观》,人民出版社2019年版,第16页。

集需要有法律的支撑，这就需要适时修订与整合法律；同时，还要对情报收集进行监督，对个人权利进行保护。而情报分析和共享则是进行合作和专项行动的必然结果。

此外，有必要将《2030年愿景》中的非传统安全领域对话具体为共同打击恐怖主义、武器非法贸易、电信诈骗、网络赌博、伪造身份证和旅行证件、腐败、贩卖人口等特别严重的跨境犯罪，也不局限于东盟所称的8个优先领域，这些当然都是对《2030年愿景》中仅有的反腐、反恐合作的扩大化，尤其是为了反恐情报合作，必须实施各项计划、倡议。在与东盟及其成员国合作之时，要针对具体犯罪与不同的东盟成员国（表1）、打击犯罪小组（表2）展开沟通，同时，还要了解和遵循东盟内部的相关制度和规范（表3），并在可能的情况下积极参与（已加入的主要机制见表4），以便更好地制定双边的法律（条约）和政策，并将其转化为国内法（这点将从下述多个对我国国内法的修改建议来说明，即国际条约可以转化为我国国内法，一来是改进我国国内法，二来是为了与国际条约接轨）。

(二)规范情报收集程序

加强执法和情报机构的能力是摆在双方面前需要重点关注的事项，只有加强了执法和情报收集能力才能有效打击跨国犯罪。在此基础上，无论是在汇集犯罪情况或是更新犯罪数据抑或是提供案情细节方面，中国—东盟都应该以积极和坦诚的态度进行交流，切实做到彼此促进，彰显定期沟通联系的效益。具体到情报收集，需要注意各类情报工作的专业性和差异性，可以先从用技术手段收集情报入手进行研究，进而推广，首先可以改进我国相关立法。我国《国家情报法》第22条提到，国家情报工作机构应当运用科学技术手段，提高对情报信息的鉴别、筛选、综合和研判分析水平。《反恐怖主义法》在"安全防范"这一章规定了电信业务经营者、互联网服务提供者应当提供技术支持，第45条规定可以采取技术侦察措施，第77条规定国家鼓励技术创新。上述条文形成了我国反恐情报领域关于技术规定的体系，但显然都只是原则性地宣示，尚需要在实际工作中加以探索并跟上时代，形成一整套技术领域的情报收集操作守则。例如，电信业务经营者、互联网服务提供者应该从哪些方面介入涉外情报收集过程；技术创新有何保障措施；技术侦察措施应该如何实施等，尤其是在打击涉外恐怖主义犯罪时情况更加复杂，应该加以明确。[①]

在维护国家政治安全之时，也需要维护人民（个人）安全，即保护受害者或者嫌疑人个人信息的隐私。在打击跨国犯罪时，受害者以及证人、线人都有潜在的风险。在政府内部和政府之间，需要制定和执行考虑周全的政策，平衡执法利益和确保个人隐私和安全的需要。在许多情况下，这可以简单到确保受害者等人员的真实信息；在其他情况下，还将涉及开发更详细的协议。隐私保护尤其在交换信息、情报资料时值得注意。就我国本身而言，严格按照《国家情报法》第 15 条之规定，采取技术措施，可仿照《刑事诉讼法》对"技术侦查措施"的规定，有效期为三个月，被采取对象等有权对该措施进行申诉，即一种事后救济的模式。总体而言，"必要性＋可行性＋救济性"是实施情报收集措施的内核。与此同时，建议《国家情报法》规范定向监测（如跟踪和观察目标）、截取通信（如监控电子邮件或电话）、侵入性监测（如把窃听装置安装在某人的家里或车里）、干扰设备（如秘密访问计算机或其他设备）等情报收集过程，让执行者有法可依。当然，上述程序可以制定实施细则加以规范化，并结合其他涉外反恐法律细化对反恐合作情报的收集规范。

（三）倡导情报研判共享

在情报研判方面，中国—东盟要主动运用大数据、信息化手段，对犯罪行为开展分析研究判断，及时发现线索；同时，双方执法机关要获得情报、技术、专家等方面的支持和指导，特别重大、复杂的大案要案由中国公安部直接与东盟警察组织及成员国执法机构共同侦办。

在情报共享方面，为了做到未雨绸缪，可以不断扩展合作的"朋友圈"，以上海合作组织开展合作和"一带一路"建设为契机，以跨境反恐情报合作安排为依托，针对不同国家采取类似于经济伙伴分类的政策，建立更高规格的中国—东盟反恐情报数据库，以技术合作与创新带动发展，共享情报，展开分析。正如部分学者所言，在中国—东盟层面应建立关于恐怖组织以及可能与恐怖组织有联系的跨国有组织犯罪集团的计算机化共享数据库，以期开展恐怖主义威胁评估。当然，不只是反恐领域，在其他领域同样应该先对现有的区域数据库进行研究，再加强现有的区域数据库的合作与更新。鼓励中国与东盟对新建数据库作出贡献，以增加其丰富的内容。数据库的情报信息可以包括主

---

① 许华孚、刘育伟：《国外实施电子监控经验之比较研究——以澳洲、新西兰及英国为例》，载《军法专刊》2016 年第 6 期。

要活跃于中国—东盟地区的恐怖主义团体及其类型、意识形态、作案手法、与该地区内外其他团体的联系，以便分享信息和采取联合行动。[①] 对中国而言，应加快扁平化对接机制的信息化和规范化建设，尽快实现与东盟案件网上直报联动；同时加强部省市国际合作部门与各业务警种的沟通机制建设，进一步畅通案件情报（犯罪趋势、作案手法、犯罪路线、嫌疑人员情况）流转渠道；就反恐情报数据库的建立积极开展与东盟警察组织的合作。

(四)促进情报人员交流

实践表明，在情报领域同样要贯彻"合作共赢"理念。除了情报本身的合作之外，情报人员、情报课题的合作也应该加以重视。

为改善机构或单位之间的沟通和协调，中国—东盟应在各自的机构或单位内指派联络人，包括负责反恐情报数据库的联系人，同时还应向东盟成员国首都派遣警务/侦查联络官，中国应不断扩展联络官办公室的覆盖度（如针对不同犯罪，对照表1向不同东盟成员国派驻情报合作官员）。此外，双方应促进执法情报人员和情报专家之间的人员接触和交流；双方应举办讲习班，促进各方在打击恐怖主义犯罪方面的执法经验和情报方面的交流；双方还应举办培训班，提高各方在网络恐怖主义犯罪情报收集方面的能力水平，为保证培训班的质量，双方应邀请区域和国际专家授课。双方应促进各机构之间的交流与合作。双方采取以分享为核心的培训理念，"精品研修情报项目＋拓展培训情报项目"的方式，在提升办学层次的同时，更加丰富情报合作交流的渠道，提高打击跨境犯罪的执法能力，实现高水平的区域之间的执法合作。

(五)开展情报联合研究

双方应支持各自专家学者在非传统安全问题领域的联合研究，并鼓励分享研究成果；双方应组织有关领域的专家提供短期技术服务和考察。在反恐情报领域，针对迫切需要解决的问题，可以将联合研究的方向定为恐怖主义犯罪资金链的调查和技术上的研发开发等方面。一方面，可以联合中国—东盟跨国科技企业设计和开发功能强大的情报主导软件，以进行和连接情报收集、情报分析和情报预警，这些工具专门用于检测威胁、减轻脆弱性并将危害后果

---

① Ralf Emmers，*The Securitization of Transnational Crime in ASEAN*，Institute of Defence and Strategic Studies Singapore，2002，pp.1-5.

降至最低。[1] 中国—东盟应积极开展对会计行业、律师行业、财产转让行业、房地产经纪行业、提供信托和公司服务的企业、体育和博彩供应商以及一些高价值商品交易企业等各涉外行业、企业的摸底调查工作。而在这项联合工作中,采集情报,识别潜在涉外洗钱风险是制定总体方案的关键任务。评估风险包括确定上述主体所提供的法律所涵盖的涉外服务,然后确定这些服务被用于涉外洗钱或资助有关犯罪或者涉及金钱的犯罪之风险。这种风险的程度和性质将取决于许多因素,包括业务的规模和复杂性、提供服务的方法、与之打交道的客户类型以及与之打交道的国家。基于风险的评估分析以及应用需求,专门人员可以按比例分配,并集中在风险较高的领域。[2] 另一方面,在打击跨国恐怖主义犯罪方面提供专门知识和资源方面的援助和支持。中国或者国际刑警组织应对一些东盟国家提供支持,包括情报项目上的支持和技术上的支持,如国际刑警组织应适时向东盟警察组织数据库系统 2.0(e-ADS 2.0)提供更多的情报,进行情报互通,以加强区域合作。[3]

定期开展情报领域的联合研究(情报专项项目)应该成为中国—东盟情报合作的重要举措。专项项目采用的是定性案例研究方法,测试信任水平、共同的威胁感知能力,研究成本效益分析(自变量)如何影响应对犯罪的成功结果(因变量)以及跨境合作的重要性(因果机制)。在合适的情况下,可以适当地扩展专项项目的范围,这是基于决策者对成功应对犯罪关键变量的考量,后续各专项项目能为未来的中国—东盟反恐情报合作提供建议。[4] 当然,上述攻关项目也是情报分析研判的基础。

上述几点建议就是围绕着备忘录中中国—东盟情报交换、人员交流和培训、执法合作、联合研究这些合作重点并结合情报认知理论(情报分析理论、情

---

①　Muhammad Faris, Visit by Mr. Mike Cavanagh, Sales Director SE Asia for Wynyard Group, http://www. aseanapol. org/display/2014/02/07/visit-by-mr.-mike-cavanagh-sales-director-se-asia-for-wynyard-group,最后访问时间:2020 年 7 月 10 日。

②　Andrew Brunatti, The Architecture of Community: Intelligence Community Management in Australia, Canada and New Zealand, *Public Policy and Administration*, 2012, Vol.2, pp.119-143.

③　Suhasini Gunasagaran. Visit by INTERPOL Financial Crime Unit to ASEANAPOL Secretariat Office, http://www. aseanapol. org/display/2020/01/21/visit-by-interpol-financial-crime-unit-to-aseanapol-secretariat-office,最后访问时间:2020 年 7 月 10 日。

④　贾宇、李恒:《恐怖犯罪活动组织和人员之情报信息搜集研究》,载《情报杂志》2017 年第 2 期。

报自动化理论）提出的①，从而解决了上述第二部分中国—东盟情报合作立法、执法机制以及数据库等相关问题。

四、结论

分析研究发现，只有强化情报支撑，并透过国际及区际合作，开展联合侦查、情报共享、资源活用，提升情报人员专业水平，才能应对跨境恐怖主义犯罪。应跨区域协同作战，整合中国—东盟各情报资源，加强情报交流和执法协作，深入开展打击跨境犯罪专项行动。在未来，我们攻关的主要方向是将涉外反恐情报体系建设纳入总体国家安全领域，不断完善立法以指导打击境外犯罪等实践、规范情报收集程序、建立框架性制度，多措并举、拓展专项、展开情报分析以提供对策建议。唯有以情报为导向（intelligence-led），在广泛而有预见性的范围内进行监测，才能真正在应对跨境犯罪时掌握主动权②，在政治安全合作领域取得更大的成绩，为《中国—东盟战略伙伴关系 2030 年愿景》的实现奠定基础。

① 赵冰峰：《情报学：服务国家安全与发展的现代情报理论》，金城出版社 2018 年版，第 108～113 页。

② 李文：《"一带一路"与中国—东盟命运共同体建设》，载《东南亚纵横》2015 年第 10 期。

中国企业投资缅甸经济特区面临的风险及应对

陈　喆[*]　张子鸢^{**}

摘要：《缅甸经济特区法》是缅甸经济特区的"基本法"，设置了三级管理框架，对外来投资者提供了优惠的政策，为缅甸经济特区吸引外国投资者创造了较好的环境。中国是缅甸经济特区的主要投资者之一，中国企业在缅甸经济特区投资面临一系列的障碍和风险，包括法律风险、政治风险、宗教风险、金融风险和商业风险，同时欠发达的基础设施阻碍了投资项目的顺利开展。对此，我国企业应当严格遵守缅甸经济特区的法律规则以规避法律风险；妥善处理与政府、议会、地方武装势力、非政府组织和媒体等利益主体之间的关系，并避开武装冲突高发区进行投资，以规避政治风险；通过充分的宗教风险评估，谨慎处理好与本地宗教的关系，充分考虑当地民众的宗教感情，从而避免宗教风险；通过寻求合作解决缅甸金融环境不佳的问题，通过投保转移汇率和资金汇兑风险；通过充分的事前调查，谨慎选择合作伙伴来规避商业风险。此外，中国企业可通过投资基础设施项目促进当地基础设施建设，改善缅甸投资环境。

关键词：缅甸；缅甸经济特区；投资风险；"一带一路"

2011 年 1 月，缅甸颁布了《经济特区法》与《土瓦经济特区法》。2014 年 1 月 23 日，缅甸修订出台了新《经济特区法》，取代了之前的两部法律。这是专门对土瓦、迪洛瓦和皎漂等工业区实施的法规，规定了特区具体的贸易范围、商品、服务项目等。缅甸现有三个经济特区，分别是土瓦（Dawei）经济特区、迪洛瓦（Thilawa）经济特区及皎漂（Kyaukphyu）经济特区。2015 年 12 月 30 日，皎漂特别经济区项目评标及授标委员会宣布中国中信企业联合体中标皎

＊　陈喆，西南政法大学国际法学院讲师、硕士生导师，法学博士、博士后。
＊＊　张子鸢，西南政法大学国际法学院硕士研究生。

漂经济特区的工业园和深水港项目,中国中信企业联合体将承建皎漂经济特区内的工业园和深水港两大项目,投资总额将达 90 亿美元。缅甸是"一带一路"倡议重要的沿线国家,皎漂港在建成后将成为缅甸第一大远洋深水港,是通往印度洋最便捷的出口,缅甸皎漂港可与巴基斯坦瓜达尔港环形对接,实现"带""路"互通,皎漂市是中缅油气管道中的天然气管道起点,港口与运输通道的建设有利于推进"一带一路"倡议的道路联通,带动域内国家生产要素顺畅流通,形成经济复合体。缅甸经济特区的法律制度对中国投资利益有着重大的影响,研究缅甸经济特区法律制度的特点以及中国企业在缅甸经济特区投资面临的阻碍与风险,对于更好地保障中国投资者的利益及推动"一带一路"倡议的建设具有重要的价值。

一、缅甸经济特区法律制度的主要特点

2014 年 1 月,缅甸议会通过了《经济特区法》,为处于发展阶段的三个经济特区提供了法律框架。相较于《缅甸外国投资法》,《经济特区法》在投资和贸易的诸多方面给予外资更多优待,主要目的是促进进出口贸易与外国直接投资的增长,[①]加速国家经济发展。

(一)采取"立法先行"的立法模式

缅甸经济特区走的是立法先行的道路,《缅甸经济特区法》为中央立法,统一适用于三个经济特区,《缅甸外国投资法》在经济特区内暂停适用。《缅甸经济特区法》规定了缅甸经济特区核心管理和工作组织的设立及其功能和责任、投资者和开发商的责任以及享受的各类税收优惠、争议的解决、海关对商品的管理和检查、劳工相关事务、土地的使用等内容。《缅甸经济特区法》是推进缅甸经济特区各项先行先试的直接法律依据,为缅甸经济特区的创新提供了法制先行的保障机制,有利于缅甸经济特区建设的稳步推进。相较于缅甸经济特区的"立法先行"的模式,中国自由贸易试验区采取"国家授权、部委规章、地方立法"的三层次推进模式。中国自由贸易试验区为全国人大常委会以及国务院授权决定及地方人大常委会颁布有关的自贸试验区条例的模式,各个自由贸易试验区根据自身不同的战略定位在推动自由贸易试验区建设中制定不

---

① Amit K. Khandelwal, Matthieu Teachout. IGC Policy Note: Special Economic Zones for Myanmar, *International Growth Centre Report*, February 2016.

同的条例,在自贸试验区内中国的外国投资法律暂停适用①。总体而言,缅甸经济特区"立法先行"的模式有利于三个经济特区的统一安排、整体推进,并且具有清晰的建设路径指引,有助于达成经济发展的稳定预期结果,这也和《缅甸经济特区法》的主要立法目标一致。

(二)提供"一站式"审批服务

从实践来看,各国常利用经济特区来规避给企业带来高额运营成本的监管程序,缅甸也不例外。《缅甸经济特区法》第13条规定"管理委员会依法实行一站式服务"。一站式审批服务使企业能够一次性获得所有必需的许可证,从而减少了通过多个不同的政府机构获取许可证可能导致的延误和不确定性,能够有效降低国际贸易成本,提高贸易效率。以迪瓦洛经济特区为例,作为经济特区管理机构的迪洛瓦管理委员会(TMC)建立了一站式服务中心,并设立了专门网站供投资者提交办理部分业务的在线申请。一站式服务中心由缅甸有关部门的代表组成,包括缅甸劳动部、投资与公司管理部等,具体负责公司的注册、签发与业务相关的签证、签发原产地证书、征税程序、签发工作许可证等。② 此外,迪洛瓦管理委员会还承诺了许多程序的具体周转时间,如投资审批(30天)和注册公司(2天)的时间。但缅甸经济特区的一站式审批服务还存在一些不足,包括缺少海关监管与服务模式、货物监管模式的创新,存在海关程序烦琐、通关成本较高等问题。

(三)给予外资较高比例的税收优惠

《缅甸经济特区法》对在经济特区投资生产或从事服务的外国投资者给予了力度较大的税收优惠。外国投资者在经济特区开始从事生产或服务之日起,头五年出口收入可以申请免除所得税。第二个五年可以申请出口收入减所得税50％。而在第三个五年,投资者用出口盈利再投资可以申请赢利减税50％。同时其第18条还规定,"在经济特区投资生产的产品,减免期结束后,对于大投资项目,出口值超过生产总值50％以上;对于中等投资项目,出口值超过生产总值60％以上;对于小规模投资项目,出口值超过生产总值70％以上的年份,可以申请减所得税"。而在免税区,投资者开始运营的第一个七年

---

① 陈利强:《中国自由贸易试验区法治建构论》,载《国际贸易问题》2017年第1期。

② Section 2(e), The Ministry of National Planning and Economic Development, Notification No. (1/2015), Myanmar Special Economic Zone rule.

期间免除收入税,在业务提升区投资者开始运营的第一个五年期间免除收入税,在免税区和业务提升区投资的第二个五年期间减免 50% 收入税,在免税区和业务提升区投资的第三个五年期间,如在一年内将企业所得的利润重新投资,对投资的利润减收 50% 收入税①。相较于缅甸在各经济特区统一的优惠政策,中国各自由贸易试验区的税收优惠政策呈现分散分布的特点。相关政策散落于国务院以及国家财税部委的文件中,各自由贸易试验区根据自身定位和不同的鼓励投资产业具有不同的税收优惠政策。例如,在上海自由贸易试验区内,给予了投资者延长纳税时间的优惠,非货币性资产对外投资所得税及股权激励个人所得税可分期缴纳,相比缅甸经济特区,给予纳税人的不是直接的税收减免而是分期缴纳的时间利益,在一定程度上能够缓解投资企业流动资金短缺的问题。② 而上海自贸区临港新片区的部分高新企业自设立之日起五年内减按 15% 的税率征收企业所得税。③

(四)环境评估要求严格

《缅甸经济特区法》要求投资者应当遵守《缅甸环境保护法》及国际标准的规定,总体而言对投资项目的环境评估要求较为严格。在进行土地征用之前,投资者必须按照国际标准进行环境评估,制定合理的投资和生态恢复计划,尽量减少对环境的破坏,并完成环境评估报告,以避免对环境和动植物健康的不利影响。这一要求反映了政府对环境问题的重视。《缅甸经济特区法》中要求投资者遵守最新的《缅甸环境保护法》,对投资项目进行环境评估,有助于解决缅甸经济特区投资项目带来的环境污染问题。

(五)限制不动产相关权利

《缅甸经济特区法》对外国投资者在经济特区内的不动产转移行为进行了限制,同时外国投资者无权取得缅甸经济特区的土地所有权。《缅甸经济特区法》第 19 条第 1 款规定,"为了鼓励长期投资,出售、交换不动产或者用其他办法转移不动产,根据项目种类、投资金额、出售的价值,按照中央委员会确定的

---

① Section 44，Myanmar Special Economic Zone law，2014.

② 《国务院关于印发中国(上海)自由贸易试验区总体方案的通知》(国发〔2013〕38 号)。

③ 《财政部 税务总局关于中国(上海)自贸试验区临港新片区重点产业企业所得税政策的通知》(财税〔2020〕38 号)。

金额,给国家上缴不超过所获利润的50％"。且所余的利润按照相关法律交税。这在一定程度上能鼓励长期投资和生产,但上缴的利润额较大且认定标准模糊,加之缅甸政治局势不稳定,会使得外国投资者认为赴缅甸经济特区进行投资将面临较大的成本和风险,从而阻碍部分外资入驻。同时,根据缅甸的法律规定,外国自然人或法人不能取得缅甸的土地所有权[①],因此外国企业要在缅甸经济特区开展投资活动,必须租赁土地。根据《缅甸经济特区法》,开发商和投资者可以至少租赁经政府批准的土地使用30年,此后再根据在土地上开展的不同项目类型(大、中、小三个类型),给予不同时限的额外土地租赁期。

(六)重视劳工权利保护

除《缅甸经济特区法》规定的事项外,缅甸经济特区内的劳工事务根据缅甸现行相关法律进行处理,总体而言对工人权利的保护较为重视。自2001年在国际劳工组织的协助下颁布了《劳工组织法》后,缅甸相继共出台了十多部与劳工权益保护相关的法律法规。如缅甸于2013年制订《最低工资法》,保障了工人可以享有不低于最低工资标准的报酬权利,若雇主支付工人高于最低工资的,工人有权继续保持较高的薪酬水平。缅甸于2016年制订了《工资支付法》,明确规定了工资支付的时间以及方式,任何工人如果没有获得他所享有的所有工资和福利,可以在一年内向国家或地区级的国家委员会提出申诉,以获得损失的工资和福利。此外还有2013年颁布的《就业和技能发展法》,以及2016年颁布的《最低工资法案》等等。目前缅甸的劳工法律制度较为完整,对劳工合法权益的保护比较全面。

二、中国企业投资缅甸经济特区面临的风险

(一)法律风险

受缅甸经济特区相关立法规定的影响,中国企业在缅甸经济特区投资面临一定的障碍和风险,主要涉及用工、环境保护和土地征收补偿三个方面。

第一,中国企业在缅甸经济特区投资面临一定的劳动法律风险及用工风险。《缅甸经济特区法》存在外资企业雇用劳动力的国籍限制,规定了不需要技术的工作必须雇佣缅甸国民的要求。如果是技术性的工作,应当不断提高

[①]　Section 3.5, the Transfer of Immoveable Property Restriction Act, 1987.

雇佣缅甸国民的比例,投资人在头五年期届满时,技术性工作方面必须使用不低于 25％的缅甸技术工人,第二个五年期限届满时,必须达到 50％,第三个五年期届满时,必须达到 75％。① 因此,中国企业与大量当地劳动者存在雇佣关系。在缅甸经济特区,经济特区管理委员会依据缅甸劳动法的有关规定,管理与劳动关系有关的事务,经济特区内的劳动法律标准不得低于全国劳动法律制度设定的标准。近几年,缅甸劳动立法标准不断提高,先后颁布了《劳动组织法》(2011 年)、《社会保障法》(2012 年)、《劳动争议解决法》(2012 年)、《最低工资法》(2013 年)、《工资支付法》(2016 年)等。其中《劳动组织法》放宽了对工人结社与罢工权的规制,推动了工会组织的发展,工会维权运动也不断兴起,民众的合理、不合理诉求不断加剧,劳动争议增多②。中国企业缺乏与工会组织沟通的经验,往往容易忽视相关工会的法律法规,引发劳资关系的矛盾。同时,缅甸工会运动在一定程度上呈现非规范化的特点,工人的罢工大多具有自发性及直接性,且采取手段较为激烈,不规范的工人维权运动给企业带来了一定的罢工风险③。此外,在缅甸的劳工权利保护领域,非政府组织也起到了重要作用,非政府组织积极地对工人进行维权意识的培训,加大了劳动纠纷发生的可能性④。

第二,中国企业在缅甸经济特区投资面临一定的环境保护法律风险。中国投资者的投资产业主要集中在油气、电力、制造、交通与通信等行业⑤,与当地生态环境与自然资源有着密切关系,《缅甸经济特区法》明确要求投资者应当遵守《缅甸环境保护法》及国际标准的规定。同时,缅甸环保非政府组织具有较强影响力,对外资企业承担环境与社会责任提出了较高的要求。2011 年 12 月,缅甸当地非政府组织"土瓦发展协会"(Dawei Development Association,DDA)在仰光召开新闻发布会,抗议在土瓦修建燃煤发电厂,提

① Section 75,Myanmar Special Economic Zone Law,2014.

② 陈立虎、李睿莹:《试论中国自贸园区立法中的贸易便利化制度》,载《东吴学术》2017 年第 1 期。

③ Bernhardt T.,S Kanay De,M. W. Thida. Myanmar labor issues from the perspective of enterprises:findings from a survey of food processing and garment manufacturing enterprises,International Labour Organization,2017:27.

④ M,Thein H. Employment relations,the state and transitions in governance in Myanmar,*Journal of Industrial Relations*,2016,Vol.58,No.2.

⑤ 班小辉:《"一带一路"沿线民主化转型国家中企业的劳工风险问题:以缅甸为例》,载《中国劳动关系学院学报》2019 年第 1 期。

出绿色开发土瓦的倡议,最终导致缅甸新政府于 2012 年 1 月宣布取消燃煤发电厂的修建①。中国投资者因环境问题有可能被东道国政府、民众及公益组织提起民事及刑事诉讼,当地居民及非政府组织有可能对当地自然资源和生态环境有负面影响的投资行为进行抗议,导致投资项目搁置,给投资者带来巨大损失。

第三,《缅甸经济特区法》未就土地征用的补偿标准作出明确的规定,这可能导致中国企业投资项目受阻。缅甸经济特区的投资项目涉及当地居民的土地征用、居民搬迁和经济补偿等复杂问题,如果这些问题处理不当,会对项目的实施产生较大的影响。如果补偿标准不够完善并缺乏与当地居民的有效沟通,将有可能引起当地居民的抗议,阻碍投资项目的顺利进行②。例如,"意大—泰国公共开发公司"与缅甸政府于 2010 年达成协议,计划在土瓦港建设综合工业区,该项目涉及约 3 万居民土地的征用问题,遭到当地民众的抵制,土地补偿标准是项目遭到抵制的原因之一。缅甸皎漂经济特区的大多数民众的生计来源于传统的农业种植与渔业,因此经济特区的建设可能导致的农田征用问题,对当地民众来说尤为重要。

(二)政治风险与宗教风险

缅甸国内政治体系脆弱、政权分裂、局势动荡,中方投资项目可能因此受到阻碍或中止,同时投资项目以及投资者的人身安全也有受损害的风险。其一,缅甸国内政权分裂,势力错综复杂,民盟政府和军政府持续角逐,诸多少数民族地方武装政府并存,加上非政府组织和媒体等社会组织对于某些事件的过分渲染和推波助澜,中方投资项目有可能成为多方利益博弈的中心而被延缓进程,甚至被叫停。以密松水电站搁置事件为例,村民由于害怕失去土地、不满补偿等因素抗议水电站修建,环境保护组织和媒体等非政府组织以保护环境、大坝安全性等理由渲染放大了民众的反对情绪,民盟党为求政绩和民众拥护选择支持民意,当地克钦武装势力为求最大利益选择支持中央政府的决策,而利益博弈的过程背后还潜藏着西方反华的意识渗透,由此,诸多利益方的互动最终导致了密松水电站项目的搁置。其二,缅甸政治长期处于转型过程中,国内局势动荡。军政府通过 2020 大选与民盟党激烈角逐,并于 2021 年

---

① 刘盈:《"一带一路"在缅甸的进展、前景和挑战》,载《和平与发展》2018 年第 5 期。
② 邹春萌、王美心:《土瓦经济特区的投资开发及其发展前景:泰国的视角》,载《东南亚纵横》2014 年第 9 期。

强势接管政权,两平行政府的政治竞争消耗了大量的财力和人力,同时政权更迭期间需要大量军事力量用于维护社会秩序,中央政府无暇顾及少数民族地方武装力量,地方武装力量与国防军之间冲突"全面化"。① 频繁的武装冲突可能会直接损害中国投资者的人身安全和投资项目,如2011年缅甸政府军与克钦地方武装的军事冲突使得大唐集团公司临时性的工程建设桥梁被炸毁,太平江水电站被迫停运。

中国企业在缅甸经济特区投资还面临着一定的宗教风险。缅甸的宗教政治化、宗教极端主义等问题是导致政治风险的原因之一,也进一步强化了政治风险。导致宗教风险的直接因素是信仰差异,但其形成并导致现实问题的发生往往需借助政治、经济等其他外在力量。② 中国企业在缅甸可能遭遇的宗教风险主要集中在三个方面,一是宗教政治化导致的风险。历史上佛教基本融入缅甸国家发展的全过程,佛教理念渗透社会生活的方方面面,在统治阶层也有强大的政治影响力。以莱比塘铜矿项目开发受阻为例,佛教僧侣多次参加抗议活动,提出一些与项目无关的政治诉求,意图通过宗教的政治影响来反对莱比塘铜矿项目开发,中国投资者便因忽视了宗教在缅甸的政治影响力,未提前准备相应对策,从而导致项目延缓。二是宗教极端主义导致的风险。缅甸国内宗教冲突不断,这与缅甸宗教与民族认同的历史分裂和演进有关,宗教极端主义与民族主义相交织,甚至中国投资者也可能成为宗教极端主义分子所抵制的"外来者"。同样以莱比塘铜矿事件为例,"969佛教极端组织"利用多种传媒手段来干扰莱比塘铜矿的正常开发,并宣扬中国投资者"经济掠夺者"的形象,强化缅甸民众的民族主义意识,引导民意抵制开发。③ 同时,宗教极端主义还可能上升为恐怖主义。例如,宗教极端主义导致了缅甸佛教徒与罗兴亚穆斯林的冲突,催化了缅甸伊斯兰教恐怖主义的滋生,使缅甸若开邦及周边地区成为高风险区域,中方投资的位于若开邦地区的皎漂经济特区深水港项目、中缅铁路皎漂段等重大工程都面临恐怖主义风险。三是忽视缅甸民众宗教和民族感情导致的风险。缅甸是宗教信仰影响广泛且民族意识较为强烈的国家,但无论在密松水电站事件又或莱比塘铜矿事件中,民众的宗教信仰

① 王艳冰:《外资征收概念的新发展》,载《学术论坛》2006年第2期。

② 廖春勇:《缅甸政局变动的影响及东盟建设性参与》,载《和平与发展》2021年第4期。

③ 刘稚、沙莎:《"一带一路"倡议实施中的缅甸宗教风险研究》,载《世界宗教文化》2022年第5期。

和民族感情都未得到中国投资者应有的重视。在密松水电站事件中,当地克钦人自古就有"万物有灵"的信仰,对于山川有一定的民族崇拜,对于水电站修建有天然的抵制情绪。[①] 而在莱比塘铜矿事件中,寺庙搬迁问题更是触动了众多缅甸民众的宗教感情而遭抵制。中国企业若积极主动地面对缅甸民众,慎重处理民众情感,可以在很大程度上改善企业形象,获得民众支持,从而对冲投资项目可能遭遇的其他风险。

(三)其他阻碍与风险

第一,欠发达的基础设施给中国企业在缅甸经济特区的投资带来阻碍。缅甸的基础设施建设较为落后,根据世界银行最新发布的物流绩效指数(LPI)统计数据,缅甸 2018 年在全球 167 个国家中排名第 139 位[②],属于世界交通基础设施较差的国家,公路铁路交通落后。缅甸国内电力缺乏,由于电力供应不稳定,几乎所有的制造企业和工厂都使用二次发电机。落后的基础设施状况阻碍了中国企业在缅甸投资项目的顺利推进,同时也增加了在缅甸投资的成本。

第二,缅甸金融环境不佳给中国企业在缅甸经济特区的投资带来阻碍。缅甸金融体制相对落后,中国企业在缅甸融资较为困难,而由于缅甸局势复杂且位置较为偏远和落后,投资者在中国国内融资同样较为困难,这可能阻碍投资项目的顺利进展。同时,由于缅甸政府宏观调控能力较弱,缺乏成熟的调控机制,汇率和利率形成机制缺乏灵活性,中国企业在缅甸投资具有一定的汇率及资金汇兑风险。近期据中国多家电力投资企业反馈,缅方有意将缅币作为支付货币结算电力投资项目电费,由于缅币币值不稳且巨额缅币能否及时兑换为人民币或美元存在一定不确定性,对长周期投资项目而言风险敞口较大。

第三,中国企业在缅甸经济特区投资还具有一定的商业风险。除合作方资信过低、合同条款不清晰等通常风险外,缅甸国内部分企业要求中国企业以缅甸企业的名义进行隐性投资,双方合作一旦出现纠纷,中国企业即面临资产不保的风险。此外,缅甸国内还存在部分企业实施商业诈骗的情形,以虚假项

---

① 李丰春:《中国企业缅甸投资的宗教影响因素分析:以莱比塘铜矿为例》,载《大理大学学报》2020 年第 3 期。

② The World Bank, Connecting to Compete 2018 Trade Logistics in the Global Economy The Logistics Performance Index and Its Indicators, https://lpi.worldbank.org/international/aggregated-ranking, last accessed on 12 May, 2019.

目信息骗取中资企业赴缅甸考察投资。近几年来,有企业以"一带一路"建设资金为名,虚报缅甸境内多条高速公路、港口、机场等项目,邀请国内企业进行合作。严重者还承诺施工方先提交进场费即可开工。①

三、中国企业应对缅甸经济特区投资风险的策略

(一)法律风险的应对

第一,针对劳动用工风险,中国企业应严格遵守缅甸的劳动法规则,并妥善处理与工会、工人之间的关系。一方面,中国企业在赴缅甸经济特区投资前及投资过程中,应当准确地了解有关的劳动法制度,密切关注劳动法律规则立法动态,建立符合法律规范的企业用工管理制度,应注重企业社会责任,加强对劳工权益的保障,注重社会效益与经济效益的平衡。另一方面,由于缅甸国内各工会发展迅速,往往是罢工活动的组织和策划者,中国企业应提高集体谈判能力,并聘请当地有影响力的宗教人士进行协助,积极与投资当地工会组织进行沟通,降低罢工发生的风险。在处理与工人关系方面应考虑到当地独有的文化习俗(如缅甸民众大多信仰佛教,对于加班文化普遍较为抵制),不能简单照搬中国企业的内部管理模式。一旦出现问题,中国企业应及时了解工人和工会的诉求,尽快予以沟通和解决,避免问题扩大化和政治化。②

第二,针对缅甸的环境保护法律风险,中国企业应当严格遵守《缅甸环境保护法》及国际标准的规定,并与当地环保组织保持良好关系。中国企业应当了解并遵守缅甸的环境法律制度,在投资前对环境保护进行详细的风险评估与尽职调查,作出环境评估报告与环境自然资源规划,降低项目所造成的环境污染与生态破坏。同时还可加强我国环保组织与缅甸当地环保组织的联系,促进环保领域的交流合作,为中国企业提供即时的环保法律信息和合作渠道。在此基础上,中国企业可通过设立环保基金或公益基金等措施,与环保组织建立良好的合作关系,营造良好的企业形象,改善缅甸舆情,避免投资项目受阻。

第三,针对《缅甸经济特区法》未就土地征用的补偿标准作出明确规定,可

---

① 商务部《对外投资合作国别(地区)指南,缅甸(2020)》,http://www.mofcom.gov.cn/dl/gbdqzn/upload/miandian.pdf.

② 贾秀飞、叶鸿蔚:《中国海外投资水电项目的政治风险:以密松水电站为例》,载《水利经济》2015 年第 2 期。

能导致中方投资项目受阻这一障碍,中国企业应及时与政府就土地补偿的相关事项进行协商,保证安置补偿款的及时提供。经济特区投资项目的建设需要占用当地居民的土地并产生非自愿移民的问题,中国企业应及时与政府协商补偿相关事宜,并尽可能与当地居民进行沟通,调查民众期望与意见,在此基础上保障补偿金的及时发放,减缓土地征用给当地居民带来的不良影响,避免因征地补偿标准不明确而产生的项目公司与当地民众的矛盾,促进投资项目的顺利进行。

(二)政治风险和宗教风险的应对

中国企业可通过妥善处理与各利益主体的关系,并避开武装冲突高发区进行投资,从而降低政治风险。一是妥善处理与缅甸政府的关系。中国企业应及时关注最新的投资政策与法律,积极与相关主管部门开展合作,举行邀请参观等增强企业透明化的活动,增进缅方对项目开发思路、理念和模式的理解,争取政府在政策上的支持。同时,中国企业还可通过积极承担社会责任来与缅甸政府和议会建立良好关系,争取其支持。例如,国家电投云南国际公司积极支援缅甸抗疫,向仰光省捐赠防疫物资,省议会议长吴丁貌表示,"仰光省议会将尽可能支持公司在仰发展"。仰光省议会脸书也此进行了报道。二是妥善处理与地方武装势力的关系。应谨慎评估地方武装势力在当地行政管理权力的实际大小以及与中央政府间的关系,不应盲目相信中央政府和国防军的保证,以免为项目顺利进展埋下政治风险隐患。在此基础上,应明确地方武装势力的利益诉求,积极阐释和说明投资相关事项,打消其政治疑虑。三是妥善处理与本地居民的关系。中国企业应采取主动沟通和积极倾听的态度,应当避免与政府达成一致,签订合同便撒手不管的情形。中资企业应尊重当地的文化习俗,传统节假日可与当地群众开展联谊活动,与当地居民和睦相处,缓解其抵制情绪。四是妥善处理与环保组织等非政府组织的关系。中国企业应提前了解当地环保组织等非政府组织的对于投资所涉事项的认定标准,做到合规合理,同时可通过加强交流、设立基金会等方式与非政府组织建立良好关系,树立企业正面形象,避免不利舆情。五是妥善处理与媒体的关系。中国企业可时常组织与当地媒体的交流活动,邀请记者参观项目的运行,还可提供资金开展媒体单位的培训、赛事,吸收、培养本地的媒体人才,优化当地对华的舆论环境。同时,中国企业也应注重网络媒体的影响力,积极利用主流网络媒体平台进行对缅投资的正面宣传,寻求缅甸知名自媒体创作者进行商业合作,增强民众对于中方投资项目的正面认知,营造对中国有利的舆论环境。此外,中国企业应避开武装冲突高发区进行投资。2021年3月以来,克钦独立军、克伦民族联盟与缅甸军方在克钦邦、掸邦北部、克伦邦以及勃固地区均爆发了激烈的武装冲突,同时若开军也基本掌握了包括皎漂、延白在内的若开南部乡村地区的管理权。

中国企业可通过充分的宗教风险评估,谨慎处理好与本地宗教的关系,充分考虑当地民众的宗教感情,从而避免宗教风险。对外投资通常重视对目标国家法律、政策和经济等风险的评估,往往忽视了对宗教风险的评估。但前往缅甸这种宗教文化融入政治、法律、经济等社会方方面面,且有频繁的宗教和民族冲突的国家进行投资,投资者对宗教因素可能引起的风险应当予以高度重视。中国企业前往缅甸经济特区投资应事先做好当地的宗教风险评估,对宗教在当地的影响力以及活动风格等因素进行调查,避开佛教民族主义者聚集地、宗教极端主义组织所在地以及宗教冲突频发地进行投资。在此基础上,中国企业可通过赞助宗教活动、援建寺庙、在宗教节日举行公益活动等方式,与宗教领袖人物和信众建立良好的关系,阐明投资项目与政治目的无关,避免宗教政治化的风险。同时,中国企业应密切与当地群众的关系,重视投资共同体建设。可通过捐赠物资、设立公益基金和奖学金等方式改善居民生活和教育条件,并通过一系列符合宗教习俗的安排(如佛教节日期间员工可以带薪请假)兼顾居民的宗教信仰,获取民心支持,夯实民意基础。

(三)其他阻碍与风险的应对

第一,中国企业可通过投资基础设施项目促进当地基础设施建设,改善缅甸投资环境。缅甸政府重视本国基础设施的发展,但由于资金及技术制约,政府积极鼓励外国企业到缅甸进行基础设施投资,中国可继续围绕基础设施建设进行投资,帮助缅甸解决基础设施资金短缺的问题,开展双边互利合作。但需要注意的是,基础设施建设涉及自然资源及生态保护问题,并直接影响普通民众的利益,中国企业在投资前应进行充分的环境影响评估,与政府、当地民众及非政府组织进行交流沟通,同时积极承担社会责任,将企业负责任的社会形象传递给缅甸人民,促进"一带一路"倡议建设目标的实现。

第二,中国企业可通过寻求合作解决缅甸金融环境不佳的问题,通过投保转移汇率和资金汇兑风险。针对融资困难问题,中国企业可寻求与缅甸政府、当地知名企业或大型跨国企业的合作,共同出资建设项目。针对汇率和资金汇兑风险,中国企业可投保中国出口信用保险公司提供的包括政治风险、商业风险在内的信用风险保障产品,也可使用中国进出口银行等政策性银行提供的商业担保服务。

　　第三，中国企业可通过进行充分的事前调查，谨慎选择合作伙伴来规避商业风险。中国企业在缅甸进行投资的过程中，应对合作方进行充分的事前调查，对其资信进行评估，做好风险分析规避方案。与合作伙伴签订合同时尽量慎重，务必清晰地约定双方的权利义务，避免出现隐性投资的问题。除此之外，中国企业还可利用保险、担保、银行等保险金融机构和其他专业风险管理机构的相关业务保障自身利益，包括贸易、投资、承包工程和劳务类信用保险、财产保险、人身安全保险等，银行的保理业务和福费廷业务，各类担保业务（政府担保、商业担保、保函）等。

四、结语

　　缅甸经济特区处在建设运营的初步阶段，对于外国投资者有较多的优惠政策，但由于缅甸国内现状，中国企业前往缅甸经济特区投资面临一定的阻碍和风险。中国企业在缅甸经济特区投资应注意在事前做好各类风险的分析和评估，避免因法律风险、政治风险、宗教风险以及其他风险导致项目受到阻碍或中止，事中做好风险规避和管理工作，切实保障自身利益。

"一带一路"倡议下中国对缅甸投资法律风险及对策*

亢　婧**

摘要:中缅两国建立了全面战略合作伙伴关系。中国良好的对外投资环境、缅甸逐步改善的外资环境以及中缅投资协定都为中国投资者对缅投资提供政策的指导和支持,但中国投资者在缅甸仍然面临着法律制度不健全、司法环境不乐观、国家行为风险高等方面的法律风险。因此,中国对缅甸的投资需要树立法律风险防范意识;完善投资政策,保护自身合法权益;合理利用国际投资争端解决规则,科学评估争端解决体系,促进中缅实现互利共赢经济持续发展。

关键词:"一带一路";投资;法律风险

一、引言

在"一带一路"倡议背景下,中国对东南亚沿线国家的投资呈现出多样化的特点,投资领域不断拓展,合作范围不断扩大,从传统的能源、矿业、工程机械、工程承包、建筑、服务等行业逐渐转向新能源、制造业、商业服务以及科技智能化等新兴的行业。中国—东盟自由贸易区于 2010 年建立,它的建立加速打开了彼此的货物贸易市场、服务贸易市场和投资市场,双方建立多个合作平台推动投资贸易的发展。据不完全统计,"中国对'一带一路'沿线国家特别是东南亚国家投资体量巨大、直接投资最多且增长幅度最大。截至 2020 年,中

---

　*　本文系教育部 2018 年度人文社会科学重点研究基地重大项目"国际人权非政府组织研究"(18JJD820008)的阶段性成果。
　**　亢婧,西南政法大学国际法学院博士研究生。

国大陆对东南亚直接投资累计 750.3 亿美元。"①

　　"一带一路"倡议提出后,国内学者就"一带一路"东南亚沿线区域经济合作的形式进行了研究,并且探讨了中国对"一带一路"东南亚国家沿线直接投资所面临的挑战以及相应的投资战略,但较少从投资法律风险角度分析中国对"一带一路"沿线中东南亚地区投资的法律风险及对策,特别是在国别投资法律风险分析和应对上较少给予重视。缅甸在"21 世纪海上丝绸之路"和作为丝绸之路经济带的一部分"孟中印缅经济走廊"建设中有着先天优势和独特的重要性。随着中国对东南亚沿线国家投资的不断增加,中缅经贸关系不断紧密,合作领域的不断宽泛,研究中国对缅甸投资的法律风险并在"现有的国际法框架下阐明中国投资者的应对策略"②,对促进中缅经济发展和投资贸易实践具有深远的意义。

二、"一带一路"倡议下中国和缅甸投资法律政策环境

　　"一带一路"是指"丝绸之路经济带"和"21 世纪海上丝绸之路",2013 年 9 月和 10 月,习近平总书记分别提出建设"新丝绸之路经济带"和"21 世纪海上丝绸之路"的发展构想。"一带一路"倡议的提出是习近平总书记及党中央和国务院站在历史高度、立足世界全局、着眼未来发展提出的宏大规划,是全面形成对外开放新局面的有力推手。2015 年 3 月 28 日,习近平总书记在博鳌亚洲论坛年会开幕式上发表题为《迈向命运共同体 开创亚洲新未来》的主旨演讲,强调"丝绸之路经济带"和"21 世纪海上丝绸之路"建设秉承共商、共建、共享的原则,展示中国在推动国家之间合作和实现彼此发展战略对接、互利共赢方面新理念。2020 年 1 月 17 日,习近平主席访问缅甸后,中缅双方发表了声明,双方一致同意构建中缅人类命运共同体。"'一带一路'倡议的提出为中国与沿线国家彼此更好地利用新的外部环境、参与国际贸易投资新规则制定、促进区域合作带来了新机遇。"③

　　① 依据商务部统计数据,2015—2020 年,中国对沿线国家直接投资总额分别为148.2 亿、145.3 亿、143.6 亿、156.4 亿、150.4 亿、177.9 亿美元。商务部"走出去"公共服务平台,http://fec.mofcom.gov.cn/article/fwydyl/tjsj/? 2,最后访问时间:2021 年 3 月 25 日。

　　② 刘勇:《"一带一路"投资风险及其法律应对——以尤科斯诉俄罗斯案为视角》,载《环球法律评论》2018 年第 1 期。

　　③ 申现杰、肖金成:《国际区域经济合作新形势与我国"一带一路"合作战略》,载《宏观经济研究》2014 年第 11 期。

(一)"一带一路"倡议下中国"走出去"的法律政策保障

"一带一路"倡议提出后,"中国政府部门及地方政府先后出台了一系列与'一带一路'有关的政策和案例,"①为中国投资者对"一带一路"沿线国家投资风险防控、投资权益保护及投资纠纷解决等方面提供了相应的法律保障。据不完全统计,"自 2015 年至今,中央政府发布关于'一带一路'建设政策文件例如《推动共建丝绸之路经济带和 21 世纪海上丝绸之路的愿景与行动》《关于推进'一带一路'建设工作的意见》《关于落实'一带一路'发展战略要求做好税收服务与管理工作的通知》等,各地方政府发布诸如辽宁省政府发布的《关于贯彻落实'一带一路'战略 推动企业'走出去'的指导意见》、陕西省政府发布的《关于成立'一带一路'金融合作推进领导小组的通知》、关于'一带一路'建设政策相关文件;在境外投资相关规章方面,国家职能部门先后颁布对外投资规章制度,例如财政部发布《境外投资财务管理暂行办法》、商务部发布《商务部关于做好境外投资管理工作有关事项的通知》、中国保监会发布《保险资金境外投资管理暂行办法》等共计 51 部投资规范章程;中国与'一带一路'沿线国家召开多次国际会议,并在投资、贸易、司法协助等方面达成了相关协议"②。由国家税务总局汇编的《一带一路国别投资税收指南——中国居民赴缅甸投资税收指南》为投资者在缅甸投资进行税制介绍;《"一带一路"国家管理外汇概览》为投资者在外汇管理方面提供服务指南;为促进"一带一路"建设,健全人民币跨境业务政策,改善外商投资环境,国务院颁布《国务院关于促进外贸增长若干措施的通知》要求中国政府及相关部门在对外投资合作方面对投资者提供了有效的政策和有力的支持,例如,为扩大缅甸的进口,中国先后给予缅甸出口的 220 个产品特殊优惠关税待遇;为促进投资贸易便利化,中国人民银行不断优化人民币跨境业务等。这些法律规章是"规范中国投资者对外投资活动,并为其提供支持与保护的重要法律保障"③。

①　殷敏:《新常态与大战略》,载《上海市社会科学界第十三届学术年会文集(2015 年度)》,2015 年 11 月 19 日。

②　北大法宝法律数据库,http://shlx.chinalawinfo.com/,中国一带一路网,https://www.yidaiyilu.gov.cn/最后访问时间:2020 年 2 月 7 日。

③　殷敏:《"一带一路"倡议下中国对俄投资的法律风险及应对》,载《国际商务研究》2018 年第 1 期。

（二）"一带一路"倡议下缅甸外资政策环境分析

1."一带一路"倡议下的缅甸外资政策环境

缅甸是"一带一路"重要沿线国家之一，中缅长期友好相处，双方建立全面经济贸易合作关系对经济政治转型期的缅甸具有深刻的意义。缅甸自20世纪80年代末就实行对外开放，鼓励和吸引外国直接投资。缅甸通过多方位的经济改革和立法建设，不断改善国内投资环境。为吸引外国投资者，缅甸采取了多项措施，修改《外国投资法》《外国投资法实施细则》和《国民投资法》，使外国投资者享有与缅甸公民同等待遇，另外放宽对投资领域限制，使投资环境向着透明和自由的方向发展，并加速改善外资政策环境，努力推进建设一站式服务体系，使外国资本的流入更便利。为了吸引外资发展经济，《外国投资法》自颁布以来经过多次修订与完善，特别是自缅甸政治经济转型以来，缅甸的外商投资法律规范和投资政策体系初具雏形。2016年新的《缅甸投资法》在2012年《外国投资法》的基础上规定在缅甸投资的外国企业和个人依然享受新投资法规定的优惠政策。一方面，缅甸政府采取"优惠的税收政策、外汇政策、土地政策、劳务政策"①，吸引大量的外资；另一外面，缅甸外资政策也体现出鼓励与适当限制相结合的特点，在吸引外资的同时注重维护国家经济主权，从投资项目、技术贸易、出资比例等方面给予限制。

2.关于投资行为的法律规定

缅甸颁布了一系列针对外国投资的法律法规，这些法律法规在规范投资行为、吸引外资、促进经济贸易合作发展等方面发挥重要作用。2011年《经济特区法》予以企业在出口退税、所得税等方面大幅度的税收优惠；2012年《环境保护法》要求外资企业在缅甸投资和活动要高度重视缅甸的环境保护特别是自然和文化遗产的保护，要求要可持续利用生态资源；2012年的《社会福利法》就外资企业的劳务问题进行了相关规定；2012年《外国投资法》、2013年《外国投资法实施细则》及2016年《缅甸投资法》对外资在准入门槛、投资领域、土地使用等方面都有不同程度的放宽。在其他方面，如税收类法律方面，《联邦税收法》《外国投资法》《所得税法》《商业税法》对投资贸易征税方面做出相应规定，《联邦税收法》规定非缅甸居民只对在缅甸境内所得缴税；在资源类法律方面，涉及投资相关的法律有《采矿法》《海洋渔业法》《外国渔轮渔业经营

---

① 杨祥章、范依依、孔鹏：《缅甸外商直接投资法律制度研究》，世界图书出版公司2018年版，第17页。

权法》《森林法》,其中《采矿法》规定,外资可以投资矿产勘察、测量、生产,但经营许可证需要得到联邦政府的批准,并对外资企业在员工聘任、薪资福利、生态保护、安全生产等方面进行规定;《海洋渔业法》和《外国渔轮渔业经营权法》也对外国投资机构在缅甸海洋水域捕捞有详细规定。另外,缅甸商务部、财政部、国家投资委员会等机构颁布《外商投资项目许可与禁止清单》《进出口商品免税清单》《财政年度国家计划法》等具有联邦法律效力的法令,调整规范外商直接投资行为。(见表1)

表1   2011年以来缅甸颁行的投资经营类法律(部分)

颁行时间	法律名称
2012 年 1 月	外国投资法
2013 年 1 月	外国投资法实施细则
2013 年 7 月	公民投资法
2011 年 1 月	经济特区法
2011 年 11 月	小型金融业法
2013 年 7 月	证券交易法
2012 年 8 月	外汇管理法
2012 年 9 月	进出口商品法
2012 年 3 月	环境保护法
2012 年 3 月	农业土地法
2012 年 8 月	农业土地法实施细则
2012 年 3 月	空地、闲地和荒地管理法
2012 年 8 月	空地、闲地和荒地管理法实施细则
2012 年 3 月	解决劳工纠纷法
2012 年 4 月	解决劳工纠纷法实施细则
2011 年 10 月	劳工组织法
2013 年 8 月	反腐败法
2014 年 3 月	所得税法
2014 年 3 月	商业税法
2013 年 10 月	电信法

续表

颁行时间	法律名称
2015 年 12 月	矿业法
2016 年 1 月	公寓法
2016 年 1 月	仲裁法
2016 年 1 月	2016 缅甸联邦税法
2016 年 1 月	珠宝法

（数据来源:缅甸联邦会议网站法律资料数据库,http://www.pyithuhluttaw.gov.mm/lawdatabase/）

(三)中国和缅甸签订的投资协议及其他经济协议

中国和缅甸自建交以来陆续签署了多项双边投资贸易协定,开辟了中缅投资贸易的新篇章。中缅双方签订的《中缅促进和保护投资协定》有利于鼓励、促进、保护投资和增进两国繁荣。缅甸总统吴登盛于 2011 年访问中国时与中国达成建立"全面战略合作伙伴关系"[①]的共识,双边经贸关系步入全方位、多领域、多层次发展新阶段,为共建"一带一路"、互利共赢打下坚实的根基。为促进"一带一路"建设,中缅两国于 2018 年 9 月签订《关于共建中缅经济走廊谅解备忘录》,对推动两国长远发展具有划时代的意义。

1.中缅投资协议

《中缅促进和保护投资协定》对保护投资者的合法权益和增进两国经贸合作具有重要的意义。该协定就中缅双方投资的范围、主体、投资收益进行了相关规定;该协定就投资的范围规定了五种投资例外,同时对投资主体进行了限定,即具有中缅一方国籍的自然人和依中缅一方法律设立或组建且住所在一方境内的经济实体;该协定以条款的方式促进和保护投资,具体体现在协定第二条;协定规定中缅任一方其在境内的投资受持续的保护且不得对任一方的投资者采取任何不合理且歧视的措施,并在签证和工作上给予帮助和便利;该协定详细阐述了中缅双方投资待遇问题,按照公平、平等的原则给予双方投资者国民待遇,并就投资资产保护、损害赔偿、争端解决等方面进行规定。(见表 2)

---

① 中华人民共和国中央人民政府网,http://www.gov.cn/xinwen/2019-06/19/content_5401448.htm,2019.6.19,最后访问时间:2020 年 1 月 20 日。

表 2　中国与缅甸双边投资贸易协定

时间	名称
1994 年	关于边境贸易的谅解备忘录
1997 年	促进中缅经济合作协议
2001 年	中缅促进和保护投资协定、中缅技术经济合作协议
2004 年	中缅两国政府关于促进贸易、投资和经济合作备忘录
2018 年	关于共建中缅经济走廊谅解备忘录

（数据来源:中华人民共和国外交部网站:https://www.fmprc.gov.cn/web/,中华人民共和国商务部网站:http://www.mofcom.gov.cn/,政策法规中国一带一路网:https://www.yidaiyilu.gov.cn/）

2.中缅其他经济协议

据不完全统计,中缅双方自 1961 年开始至今陆续签订了《经济技术合作协定》《中国地震专家赴缅甸工作协定》《促进中缅经济合作协议》《关怀和成立经济贸易和技术合作联合工作委员的协定》《渔业合作协定》《中缅动植物检验检疫协定》《两国政府间经济技术合作协议》《中国向缅甸提供 1 亿美元小额贷款协议》《中国向缅甸提供买房优惠贷款协议》《仰光燃气电厂合资协议》《缅甸向中国购买铁路机车车头协议》《两国出口意向协定》等一系列经济协定,对于中缅双方扩大经济贸易合作,促进两国经济发展和吸引中国外资的进入具有积极和深远的影响。

三、"一带一路"倡议下中国对缅甸投资法律风险评析

（一）"一带一路"倡议下中国对缅甸投资法律风险产生的原因

"一带一路"倡议沿线属新兴和发展中国家居多,由于"宗教冲突、民族矛盾"①等因素导致缅甸局势长期动荡、复杂多变,"国内法治环境不佳,法治信

---

① 尹晨、周薪吉、王祎馨:《"一带一路"海外投资风险及其管理——兼论在上海自贸区设立国家级风险管理中心》,载《复旦学报(社会科学版)》2018 年第 2 期。

用较差"①;同时因为政治制度、文化差异、宗教信仰、民族感情等方面的相融交错,中国企业对缅甸进行投资活动时不得不考虑当地自然环境、民族情感、社会文化、法律构成、合同惯例、技术理念、基建状况、融资期限、外资引进力度、运营成本等一系列不可避免的风险和挑战。

1.政治局势复杂动荡

缅甸处在社会政治与经济模式新一轮的转型期和社会各方面结构和非结构矛盾突出的不确定上升期,国内政治思潮活跃派别众多,社会矛盾和问题多发,政府的诚信问题也值得考究和探讨。缅甸是一个政治色彩比较浓的国家,缅甸政府对国家没有实现完全的控制,缅甸中央政府与地方武装对彼此的法律政策不认可,加之法律不完善且社会变革加快,政治环境的不稳定使大部分投资者观望不前,甚至有些投资者在缅甸获得政府许可投资后仍然受到缅甸地方武装的干预。

2.营商环境不容乐观

缅甸整体经济增速慢,国家银行不良贷款比例高,汇率波动大。从2010年到2014年短短五年时间,缅甸货币由1美元对563缅元贬值至1美元对984.35缅元,由此对投资者带来了巨大的金融风险。加之缅甸商业环境不容乐观,在缅甸开办企业不仅需要复杂的程序而且耗时费力、成本极高。"根据世界银行《2020年全球营商环境报告》统计数据,缅甸营商环境在190个国家中排名165位。"②尽管缅甸在2018年成立了促进营商环境委员会,以推动提升缅甸营商环境指数,但是在缅甸开办企业仍然需要通过复杂程序和手续才能新设一个企业,"所需成本和实缴资本下限分别占缅甸人均收入的155.9%和6190.1%"③。中国出口信用保险公司《2019年国别风险分析报告》风险评级结果显示(风险评级指数分为1到9级,评级越高,风险指数越高)"缅甸风险评级为7级,风险指数较高"。④

3.文化差异及宗教冲突

中缅文化差异大,缅甸有一些独特的风俗比如男女青年私奔、基马努节文

---

① 张晓君、李文怡:《"一带一路"国别投资法治环境评估体系的构建》,载《法学杂志》2018年第11期。

② 中华人民共和国商务部网站,http://www.mofcom.gov.cn/article/i/jyjl/j/201910/20191002909113.shtml,最后访问时间:2020年1月5日。

③ 张其仔、郭朝先、白玫等:《"一带一路"国家产业竞争力分析》,社会科学文献出版社2017年版,第156页。

④ 中国出口信用保险公司:《国家风险分析报告》,中国金融出版社2018年版。

化等,缅甸人也长期受佛教文化的影响,对待工作不积极,而且文化的差异导致各自为政,没有统一的利益诉求,这导致中国企业在缅甸的投资项目推进遭遇重重困难。

(二)中国对缅甸投资法律风险

1.缅甸外商投资法律制度不健全

2011 年以前,缅甸可以说是世界公认的法律法规不健全、投资环境差的国家。虽然自首届民选政府对缅甸政治经济转型以来,缅甸外商投资法律体系已成雏形,但是整个外商投资法律制度仍不健全,其外商投资法律制度中还主要存在以下五个需要商榷和解决的问题。一是由于缅甸政治局势影响,导致缅甸立法变动频繁。例如缅甸《外国投资法》从 1988 年开始至今就变动了4 次,虽然其通过不断的修订在外资投资方面逐步给予投资及税收优惠政策,但也是中国在缅甸投资面临的投资政策多变的风险变量。二是关于缅甸国民身份问题。根据《缅甸公民法》第 13 条①、《国民投资法》和《外国投资法》,中缅两国均不承认双重国籍,以缅甸国民身份或其注册内资公司,存在规避法律被撤销或选择放弃中国国籍的风险。三是关于销售对象的限制问题。《不动产交易限制法》规定外国人不能拥有缅甸房地产所有权,导致中国投资房地产交易会面临巨大的法律风险。四是在外汇管制方面,根据《缅甸外国投资法实施细则》第 133 条②,即缅甸法律规定外国投资货币是美元,且必须在拥有外汇经营权的缅甸银行开户管理。虽然缅甸中央银行于 2019 年将人民币作为官方结算货币,但是却严格限定范围,即必须获得许可的银行才能以人民币结算,且其他单位和个人不允许开设人民币账户。另外,中国对美元投资或人民币境外投资均涉及外汇管制和跨境结算问题,这对投资者的投资造成了外汇管制方面的法律风险。五是在对缅投资项目运行方面,由于相关法律和双边协定中没有明确规定向内资公司或外国公司转让项目股份的合法性问题和所有权权证责任问题,根据缅甸《外国投资法及其实施细则》,对缅投资项目再转让涉及内资企业获得土地所有权的法律风险问题,对缅投资项目部分转让涉及中国企业审批问题和劳工、文物保护方面的法律风险问题。

---

① 《缅甸公民法》第 13 条:任何公民不得兼当其他国公民。

② 《缅甸外国投资法实施细则》第 133 条:投资人需为委员会批准的项目以提案中规定的外币在缅甸国内有外汇经营权的某个银行里开立账户和存款。

2.缅甸司法环境不容乐观

缅甸司法环境主要存在两个问题:一是司法环境不透明。透明度涉及法治营商环境。双边投资协定要求外国投资者的投资活动和行为要符合东道国的法律规定,争端和纠纷的化解国际法庭需要阐释出现在外资协议中不尽相同的阐述,使其与东道国法律条文相符。缅甸自身的法律体系不健全而且尚未建立起法律相关数据库,中国投资者很难准确把握缅甸外国投资的相关法律规定,因此很难根据法律计划预测自己的活动,法律的预测作用和指引作用被大大降低。二是司法救济风险大。缅甸是一个政治、宗教色彩较浓的国家,加上其法律不完善且变革较快,诸如长期允许中国边民进出自由、外国人商品房买卖交易、人民币投资障碍等与法律法规相冲突的现状和问题,因此在缅甸投资项目,对政府的依赖特别大,但是缅甸国家法制不健全,政府部门贪污受贿情况严重致使政府部门诚信度低。加之缅甸又处于政治转型期中的转而未成型,稳而不定的阶段,这就容易造成政府对投资的不当管制和违约风险,投资者如何获得公平的救济成为中国投资者在缅甸投资的难题。另外,缅甸法律法规牵涉到外商投资利益冲突时,对本国职权的过分保护,加大投资者维护自身权利难度,同时投资纠纷又往往涉及两国关系,纠纷的解决可能会掺进政治利益,成为国与国的争论而使投资者的损失不能及时挽回。

3.相关行业的高标准规定

相关行业的高标准规定主要体现在环境、文物和劳工方面。缅甸境内有大量关于环境保护的民间组织,一旦外国投资行为在缅甸引发环境污染、破坏生态等问题就容易受到这些民间组织的阻挠。缅甸现行法律对涉外投资在环境、文物、当地劳工等方面又有严格的规定。在缅甸境内的投资和活动,要高度重视缅甸的环境保护法特别是对自然和文化遗产的保护。换言之,相关投资经济行为一旦涉及此方面的问题或者表现不佳,则可能被缅甸相关部门以此为理由开展相关调查和处理。在劳工方面其相关法律规定外资企业和合资企业如果高于由缅甸劳工部和社会保障机构明确规定的构成人口数量,则需要进行登记注册,这明显增大了中国在缅甸的投资难度。

4.国家行为风险大

尽管缅甸自1988年以来多次修订《外国投资法》促进外资增长,给予他国投资者优惠的税收及投资权利。但是投资委员会在审批外国投资项目时,如果出现危害国家和人民利益的重大事件,须经联邦政府向联邦会议通报。而法律却并没有明文规定何为危及国家和人民利益的重大事件。如果一旦被认定为出现损害国民利益的重大事件,缅甸政府有可能因此搁置投资项目,从而给外商投资者带来不可预估的损失,使投资项目面临系统性风险。另外,缅甸的土地法和土地制度也掺进了太多国家行为,例如投资者如在已获租赁权或使用权的土地发现与合同规定的自身业务无关的矿产、文物、宝藏,要立即报告有关管理委员会,并由委员会决定是否继续实施原有项目。国家行为的大量渗透不仅是缅甸政府面临的最棘手的改革领域之一,也是大量投资者观望不前的重要因素之一。

四、"一带一路"倡议下中国对缅甸投资法律风险应对措施

(一)构建法律风险预警平台,提供法律一站式支持

1.建立法律数据库,使法律更加透明化

法律数据库的建立有利于让投资者更清楚地了解缅甸现行法律法规的准确内涵、管理机构、执行程序等,对规范投资行为有积极的作用;同时要不断更新数据库,准确把握缅甸最近的投资法律法规和政策动向,密切跟踪和研究相关法律制定情况,为中国投资者在缅甸投资活动提供法律一站式支持。

2.构建法律风险评估体系,科学评估投资项目风险

对投资项目特别是重大投资项目进行法律风险评估,充分利用外交资源,跟踪和分析各方面综合信息,结合缅甸政治生态、经济环境预测法律风险等级。必要时可打造专业风险评估机构,对高风险地区投资保持谨慎的态度,根据缅甸政治、社会安全的地域性特点,对投资做出相应的调整。对中缅关系、中缅投资合作可能出现的风险状况都及时做出预测分析,对可能出现的状况提出应急预案,为在缅甸投资提供法律服务和保障。

3.整合法律资源,提升法律咨询服务水平

中缅法律咨询服务机构可以就中缅投资相关法律、政策等提供咨询服务,整合法律资源,对中国对缅甸的投资提出建议和法律帮助,例如建议中方在缅甸的投资项目可以合同的方式明确约定法律适用问题,选择更利于我方投资者的法律以预防法律风险。

(二)改善中缅投资法律政策环境,维护投资合法权益

1.完善双边投资贸易协定,协助缅甸改善司法环境

在保护与促进投资活动方面,"签订双边投资条约是迄今为止最为行之有

效的国际法律制度"①。这意味着要达到中缅投资贸易协定权利与义务的新平衡,减少中国在缅甸"投资面临的东道国政策障碍"②,可以通过不断完善双边投资贸易协定来规避缅甸司法环境不乐观、国家行为风险等法律风险。例如,在双边贸易投资协定中明确不加限制或者采取其他变通补救措施以解决销售限制的法律风险;明确规定使用人民币投资、境外融资和人民币结算的相关情况,如确有困难,可以确定美元和人民币的汇率保值以解决外汇风险;设置投资模式附条件的选择条款减少投资项目风险;明确规定政府责任问题,明确违约责任及争端国内解决的方式、程序及执行问题以规避国家行为风险等。

2.完善投资和贸易政策,强化东道国责任

完善投资和贸易政策,提升政府权力的授予。对于缅甸国家层面的合作项目,可以提升到双方国家政府的许可;发挥云南省的边省作用,充分利用中国云南省临沧市特殊边境投资和贸易政策,若投资遇阻时可以请求临沧市相关部门予以协调和帮助;完善对外投资保险制度,加大商业化的运作,大力发展我国与缅甸签署双边投资保护协定为前提的承保模式以解决中国对缅甸投资利益保护问题。

3.借鉴他国在缅甸投资的成败经验

要不断强化自我法律风险防控意识,加强自我法律风险防控管理,除了立足于中缅两国投资法律法规和相关政策外,中国在缅甸的投资还需要采取包容兼顾的方针和政策,学习其他国家在缅甸成功的案例、政策、做法及取得的成就,避免其他国家在缅甸投资失败的教训,优化投资政策,切实维护投资合法权益。

(三)合理利用国际投资争端解决机制,有效应对中缅投资争端

"国际投资争端解决机制一直是一个不健全的争端解决机制,"③现有的投资争端解决机制都或多或少存在着不足和缺陷。中国对缅甸的投资争端实践中,较为复杂和棘手的是中国政府对缅甸的投资争议和中国投资者在缅甸的投资争议。前者不仅仅是纯粹的经济争端,或许还会涉及两国之间的关系,

---

① 陈安:《国际经济法学专论(下编·分论)》,高等教育出版社 2017 年版,第 657 页。

② 张明、王碧珺:《中国海外直接投资的利益保护机制研究》,中国社会科学出版社 2018 年版,第 134 页。

③ 刘笋:《国际投资保护的国际法制若干重要法律问题研究》,法律出版社 2002 年版,第 219 页。

以致在解决争端过程中带来更大的困难和问题;后者主要源于中国投资方在缅甸进行征地拆迁、土地地表改造、自然资源开发等,虽然这类争议在法律适用上比较明确,但是其项目自身带来的社会影响大,如果处置不当将会给投资者带来巨大的损失。所以要充分了解国际争端解决规则,有效借助既有的利于中国投资者的国际规则和协定,在中国对缅甸的投资合同中"增强适用不可抗力条款的可预期性和稳定性"①。科学分析各种国际争端解决机制的利弊,充分利用 CAFTA 投资争端解决机制和"ICSID 仲裁机制以及 MIGA 这一多边担保机制,正确应对和分散"②中国对缅甸的投资风险,选择对我国投资者更有利的争端解决方式。虽然既有国际争端解决机制遵循以仲裁为中心的运行模式,但自从"一带一路"倡议共商共建、互利共赢理念提出后,调解在争端解决中的作用更为凸显。随着中国、新加坡、美国等 46 个国家签署了《新加坡和解公约》,可以看出高效率、低成本的调解成为国际争端解决的发展趋势。一方面,由于调解形式多样,其结果也并不全然限制于对条约的解释和对违约的认定,争端各方可通过开放性争端解决手段做到共赢,而且通过争端方主动磋商化解纠纷,对维系争端各方之间良好稳定的投资关系和增进后续投资合作具有关键的作用;另一方面,基础设施建设是"一带一路"建设规划的优先发展层面,周边国家和地区对基础设施建设项目依赖性较强,投资者也须通过持续合作获利,和平手段是"一带一路"倡议下中缅争端解决的首选。

五、结语

"一带一路"倡议的提出,为中国与缅甸的投资合作带来了新机遇,具有深远而重要的意义。中国投资者应积极把握"一带一路"倡议下中国与缅甸的投资政策环境和投资机遇,不断提升自我的国际竞争力。但是由于中缅两国在政治、经济、文化、社会、宗教等方面的差异,再加之缅甸现在正处于政治经济的转型期,其国内政治局势复杂,导致中国对缅甸的投资面临着相关法律制度不健全、司法环境不乐观、国家行为干涉等一系列的法律风险。对法律风险有效的防控和预警,对法律纠纷、争端的有效解决是中国对缅甸投资的有力保

---

① 何力:《"一带一路"背景下对外投资与可持续发展的法律问题》,载《海关与经贸研究》2018 年第 4 期。

② 殷敏:《"一带一路"倡议下中国对俄投资的法律风险及应对》,载《国际商务研究》2018 年第 1 期。

障。构建法律风险预警机制,打造法律服务、风险评估平台,让投资者运用好现有的法律、法规和"一带一路"倡议下的政策,为投资者提供全面的法律服务。同时,我们要不断完善中缅两国的投资法律政策,借鉴他国在缅甸投资的经验教训,充分保障投资者合法权益。合理利用国际贸易规则,科学评估争端解决机制,优先选择和平手段解决中缅投资争端,切实维护中国投资者的合法权益。

专题三

东盟地区
国别法治发展

柬埔寨保险立法之探讨与完善

Chou Meng(孟周)[*]

摘要: 由于柬埔寨立法者对保险营业的特性缺少认知,因此在拟定法律时出现理论的不确定、法律条文的不规范抑或缺乏逻辑都是不可避免的事实。在《保险合同法》中,立法者定义保险利益时模糊不清,导致适用法律的困难。此外,对于保险人的说明义务和投保人的如实告知义务,立法者设计得不够全面、清晰,导致不仅未能有效实现保险保障功能的立法目标,而且也无法实现保障保险消费者权益的目的,对保险业造成了很大的消极影响,给司法实践带来巨大困境。

关键词: 柬埔寨;保险业;保险合同;保险利益;说明义务;如实告知义务

一、引言

自实行新时代的对外开放政策以来,柬埔寨调整计划经济体制为市场经济体制,国内的保险业市场不断发展。与行业的发展相适应,有关保险法律法规的数量也日益增加,内容得到不断完善。二十多年来,柬埔寨立法部门为了满足社会发展与保险市场的需求,一直致力于构建一套全面的保险法律制度。作为商法的一个部门法,保险法律制度具有自身的特殊性与难点,首先,柬埔寨因脱离国外的殖民不久,叠加多年的内战耗损,物质资源和人力资源缺乏,其中法律方面的专家与学者更为稀缺。其次,由于柬埔寨立法者对保险营业的特性缺少认知,因此在拟定法律时出现理论的不确定、法律条文的不规范抑或缺乏逻辑都是不可避免的事实。由此看来,柬埔寨的

* Chou Meng(孟周),柬埔寨人、上海交通大学博士研究生。

保险法制度仍有很长的路要走。

二、柬埔寨保险立法现状及检讨

1990 年 9 月 20 日,在国家经济与金融发展的政策之下,政府正式颁布 24 RNK 号法令,该法令提倡设立柬埔寨国家保险公司,即 CAMINCO 保险公司。① 由此,柬埔寨保险业的市场正式建立。1992 年 1 月 30 日,国会正式颁布了柬埔寨有关保险业的第一个法律,即《保险业务法》(Law on Insurance Business),令人惊讶的是该法律只有四条规定。该法的立法目的是在对外开放的政策下进一步促进社会保障、保险业和经济发展。该法规定,保险业务的监管和调控,由国家来行使。② 之后,国会陆续颁布了其他保险法律法规。

(一)保险法框架

1.2000 年《保险法》

2000 年以来,柬埔寨向自由市场经济过渡,柬埔寨保险市场因此得到了迅猛发展。同时,政府将 1990 年至 1999 年的有关保险业的法律法规,包括 1992 颁布的《保险业务法》做了进一步改善。之后,政府批准颁布新的法律,即 2000 年《保险法》。2000 年《保险法》于 2000 年 6 月 20 日通过国会会议的批准,正式出台,该法共有五十六条规定。2001 年 10 月 22 日,政府内阁又颁布了《保险法令》。该法令是为了补充 2000 年《保险法》。该法令主要规定保险合同,明确了保险人、被保险人、受益人等概念的含义及其享有的权利和义务等事项。该法令适用于所有在柬埔寨王国领域内的保险业经营者。后来,为了补充之前所缺乏的规定,政府内阁和其他行政部门又不断地颁布其他与保险业相关的规则。(见表1)

---

① 【柬文】经济与财政部,金融产业部门,《2005 柬埔寨保险业年度报告》,金边,2005 年。

② 【柬文】经济与财政部,金融产业部门,《2005 柬埔寨保险业年度报告》,金边,2005 年。

表1　2000年至2009年柬埔寨保险业相关的法律法规

序号	法律法规	规定的内容	颁布时间
1	Insurance Law(保险法)	规定了保险法的总则,保险合同,保险分类,保险监管等事项	2000年6月
2	Sub-decree On Insurance(保险法令)	规定了保险法的总则,保险合同,保险分类,保险公司和保险代理的偿付能力,保险监管等事项	2001年10月
3	Prakas①on Insurance Licensing to Insurance Company and Brands of Foreign Insurance Company(关于保险公司和外资保险公司的保险许可证的文告)	规定了申请保险许可证的条件,资本要求,颁发许可证的负责部门等事项	2001年11月
4	Prakas on Insurance Licensing toInsurance Agent, Insurance Broker, and Loss Adjuster(关于保险代理,保险经纪人和保险公估人的文告)	规定了保险代理,保险经纪人和保险公估人申请许可证的条件,资本要求,营业限制等事项	2001年11月
5	Prokas on general Limitation of Insurance Operation(关于保险经营的一般限制的文告)	规定了一般保险的经营范围,限制,违法行为,违法的法律责任等事项	2001年11月
6	Prakas onUsage of Brand Name of Insurance Company, Insurance Agent, and Insurance Broker(关于保险公司的分公司,保险代理和保险经纪的适用名称的文告)	规定了保险公司的分公司,代理,经纪人的使用名称,公布名称的要求,适用合法的名称等事项	2001年12月

---

　　①　Prakas(文告)指的是政府部门的文告(The regulations which issued by the Ministry)。

续表

序号	法律法规	规定的内容	颁布时间
7	Inter-ministerial Prakas on Compulsory Motor Vehicle or Third Party Liability Insurance（关于强制机动车险或第三者责任保险的部际联席文告）	规定了机动车必须有三责保险,责任险的赔偿金额,赔偿的程序和时间限制	2002 年 10 月
8	Inter-ministerial Prakas on Compulsory Insurance of Passenger Transports（关于旅客运输强制保险的部际联席文告）	规定了旅客运输车辆的强制险,责任赔偿的金额、程序和时间限制	2002 年 10 月
9	Inter-ministerial Prakas on Compulsory Insurance ofConstruction Site（关于施工现场强制保险的部际联席文告）	规定了所有的企业家、承包人、再承包人,在进行施工或装修必须有施工现场保险,规定赔偿金额等事项	2002 年 10 月
10	Prakas on Motor Vehicle Insurance Stamp in Compulsory（关于强制摩托车印花保险的文告）	规定了摩托车印花保险的要求事项,提供信息和违规行为的法律后果	2006 年 4 月
11	Prakas on Corporate Governance of Insurance Company（关于保险公司的公司治理的文告）	规定了保险公司的公司治理,公司管理人员的任选资格要求,任职年限等	2007 年 3 月
12	Prakas on Solvency Marginof General Insurance Company（关于通用保险公司偿付能力的文告）	规定了一般保险公司的偿付能力要求,年度报告的公布要求及向有关部门递交的要求,违法的惩罚	2007 年 3 月
13	Prakas on Licensing to General or Life Insurance Company（关于一般保险或人寿保险的保险许可证的文告）	规定了人寿保险的申请许可证程序,资本要求,公司信息提供需求,经营范围等事项	2007 年 4 月
14	Prakas on Fire Insurance Tariff（关于火灾保险费率的文告）	规定了火灾的保险费,违法提高保费的惩罚和其他法律责任	2007 年 6 月

续表

序号	法律法规	规定的内容	颁布时间
15	Prakas on Accounting Guidelines for General Insurance（关于一般保险会计准则的文告）	规定了保险公司的年度报表事项、年度审计等事项	2008 年 7 月
16	Prakas on Life Insurance（关于人寿保险的文告）	规定了人寿保险的总则规定、保险标的、被保险人的权利和义务、评估保险风险范围、程序、人寿保险公司的公司合并、解散程序等事项	2008 年 8 月

数据来源：柬埔寨经济与财政部保险局年度报告（2000—2009 年）

2.2014 年修正法

自从政府颁布 2000 年《保险法》以及其他相关规定后，许多曾在国外投保的投保人都转投保国内的保险公司。2010 年，总保费占国家人均 GDP 比例为 0.66%，虽然这是非常小的数额，但总额的比例年年都在逐渐增长，目前保险总额的比例占 GDP 0.5%～0.9%。[1] 同时，柬埔寨于 2004 年加入世界贸易组织，世界贸易组织的其他国家和地区对柬埔寨提供了诸多贸易优惠政策，这也使得国内的保险业保持了稳定的增长。作为东南亚的成员国，柬埔寨亦参加了该组织的保险监管组织。[2] 柬埔寨保险监管也于 2009 年正式加入了国际保险监管协会（International Association of Insurance Supervisors，IAIS）。[3] 此后，政府不断地完善法律法规。经济与财政部门在 2010 年发布了文告（Prakas）619 号《保险公司的财政年度报表的公开信息》，一年后政府内阁又发布了一份指导性通知令[4]（Sarachor Neanom）《关于保险业许可暂行办法》。为了贯彻政府的《十年金融发展战略》，政府对 2000 年《保险法》进行

---

① 【柬文】经济与财政部，《2011—2020 国家金融发展战略》，金边，2011 年。

② 【柬文】经济与财政部，金融产业部门，《2009 柬埔寨保险业年度报告》，金边，2009 年。

③ 【柬文】经济与财政部，金融产业部门，《2009 柬埔寨保险业年度报告》，金边，2009 年。

④ "Sarachor Neanom"指的是，由首相或者政府部门的部长发布的法律文件，为了向观众解释或者指示。为了符合中国本地常用的法律术语，笔者把 Sarachor Neanom 译为"指导性通知令"。

了修正,于 2014 年 8 月 4 日通过国会的批准正式出台 2014 年《保险法》。自该法颁布后,2000 年的《保险法》和 2001 年的《保险法令》正式废除。2014 新修正的《保险法》共有 14 章 114 条款,在大提纲上都保留了 2000 年《保险法》的框架与结构。

(二)现行保险合同法存在的弊端

2000 年《柬埔寨保险法》(简称《保险法》)的法律框架分为 8 章节,共有 56 条文,而新修正 2014 年《保险法》分为 14 章节 114 条文。此次的修正,从法律大框架来看,立法者在大前提(章节)和小前提(法律条文)中都增加了 2 倍。该法第一章的内容涵盖了一般原则、立法的目的、法律适用的范围和该法所适用术语的定义。第二章规定了国家政府部门为监督组织负有保证法律的施行。第三章提出保险合同的一般原则、一般保险合同、人寿保险合同和再保险合同的具体内容。第四章区分保险业的险种,包括汽车责任保险、工程与建筑保险、运客保险等险种。第五章规定小型保险,小型保险的定义、小型保险合同和法律适用的范围。第六章规定保险业的分类和经营业务许可获得和其程序,以及其负有提供年度报表的法律义务。第七章规定了保险行业的监督与管理,促进保险业发展的国家组织。第八章规定保险公司的解散程序和其有关事宜。第九、十和十一章分别规定保险业解决纠纷的办法、行政处罚和罚则。第十二、十三和十四章规定特别条款、过渡条款和最后的条款。然而,尽管《保险法》经过了一次修订,但依然存在着诸多问题。

从法律框架的角度看,柬埔寨 2014 年《保险法》分为 14 章,但法律条文却有 114 条,章节过多而条文太少。与中国《保险法》[①]相比,柬埔寨保险法的章节比中国法多了将近一倍,但法律条文比中国法少了五分之二。比如,第二章关于国家政府部门的保险业及监管法律的施行只规定了 2 个条文,而这一章规定的内容与第七章保险业的监督有密切的关联。因此,这样分别设置章节规定实质是一种立法成本的浪费,在实践中也会导致法律实施的困难。笔者认为,可以减掉第二章,将其纳入到第七章的规定中。

在社会经济不断增长的情况下,人们为了避免财产和人身的危险,才需要保险。因此,保险的产生取决于危险的存在,简言之,无危险则无保险。[②] 保

---

① 中国《保险法》分为 8 章,共有 187 条文(中国 2014 修正版的《保险法》)。

② 韩长印、韩永强:《保险法新论》,中国政法大学出版社 2010 年版,第 1 页。

险合同是指保险人和投保人的一种合同,对双方具有法律效力,即保险合同。① 保险合同最早来源于海上保险合同,它是保险必不可少的东西。② 然而,柬埔寨《保险法》在保险合同的规定中却存在着诸多典型问题。

1."保险利益"概念的偏差

为了避免道德风险的产生,《保险法》第 15 条要求投保人必须对保险标的具有保险利益。原则上,是否享有保险利益是保险合同是否有效的前提条件。保险合同是对一方当事人(投保人或者被保险人),因意外事故的发生而导致其自身损害抑或遭受财产损失时进行赔偿的一种特殊合同。正因如此,保险合同必须有保险利益,否则保险合同无效。③ 然而根据柬埔寨《保险法》第 15 条的规定,保险利益的要求是一个法定化的规则。《保险法》第 15 条规定,"(1)投保人应对保险标的具有保险利益。(2)保险利益是指,对保险标的所有关的赔偿金额(An insurable interest means the indemnity in relation to the insured subjects)。(3)保险标的包括财产、人身和人寿"。依该条款的规定,"保险利益"指的是以依赖保险标的所获得的赔偿金额,是投保人或者被保险人对保险标的所享有法律上承认的赔偿金额,而不是指对保险标的所享有法律承认的利益(拥有所有权或者其他合法的利益关系)。这一规定与国际保险法保险利益的核心含义相背离。传统上认为,保险利益是指,投保人抑或被保险人对保险标的的所具有法律上承认的经济利益,亦其事故所可能造成的损失利益,且在法律层面上具有密切的利害关系。如在财产保险中,财产抑或货物的所有权显然足以获得保险利益。所有权并不是表示持有人具有保险利益的唯一认定,而且受托人,以委托的关系亦对委托财产享有保险利益。④ 而柬埔寨《保险法》对保险利益的定义偏于模糊不清,这一条款的漏洞会导致赌博和道德风险的发生。例如,在 18 世纪中叶前的英国海上保险,当时没有对被保险人严苛的要求证明对投保的船舶和货物是否拥有所有权抑或其他合法的利益关系,导致了大部分人将船舶的完成航程来作为赌博的对象。⑤

---

① 【柬文】柬埔寨《保险法》第 4 条第(1)款。

② 【柬文】柬埔寨《保险法》第 4 条第(1)款。

③ 韩长印、韩永强:《保险法新论》,中国政法大学出版社 2010 年版,第 39 页。

④ Ray Hodgin, *Insurance Law: Text and Materials*, Cavendish Publishing Limited, Second Edition, 2002, p.55.

⑤ Ray Hodgin, *Insurance Law: Text and Materials*, Cavendish Publishing Limited, Second Edition, 2002, p.55.

2.最大诚信原则及保险当事人的义务评析

(1)保险人的说明义务评析

"最大诚信原则"是保险合同形成的基础,保险人、被保险人和投保人都负有披露其与保险标的相关信息的义务。在传统保险法中,"最大诚信原则"的主要目的是作为投保人告知义务的履行约束工具,有助于保险人有效、准确地评估保险风险的水准。随着近代保险实务的发展,"最大诚信原则"的内容不断得到扩充,已超越从单纯投保人一方行为的规范发展到了其对另一方当事人(保险人)在内的多方主体的制约,其中尤其强调保险人应遵守该原则。① 保险合同通常是由保险人提供给投保人,所有的事项亦由保险人一人拟定,投保人无权对此合同探讨其内容,即只需在合同上面签字即可。这种合同被视为保险合同的格式条款,亦即"要么接受要么放弃(take it or leave it)"的合同。由于投保人对保险业的保险风险、保险技术的专业等方面的认识尚未熟悉,而保险人对此方面极为专业,所以法律规定保险人应对投保人负有说明合同内容的义务。行使合同说明的情况下,保险人不仅应对保险合同的一般条款进行说明,且应对保险合同中"保险人免责条款"向投保人作明确、具体说明。若保险人未对此条款进行具体说明,则保险人不得以"免责条款"进行抗辩。这是"最大诚信原则"一项普遍的体现,且这一原则被许多国家采纳,并施行得相当严苛。但令人遗憾的是,柬埔寨《保险法》尚未采纳此做法。柬埔寨《保险法》第 10 条规定"保险人有责任将与保险合同、保险单和其他文件所相关的事项向投保人清楚地解释"。在保险单上,保险人应该明确说明保险合同就合同无效和权利丧失的条件以及在保险期未到期前,允许双方提出终止合同的条件。② 虽法律强调保险人对投保人应负有解释和说明义务,但立法忽略了保险人应明确说明合同中"免责条款"的义务。根据以上条款的规定,柬埔寨保险法只规定保险人的一般说明义务,却尚未对保险人免除责任条款的说明义务进行明确规定。这是立法上一个巨大的漏洞,对投保人、被保险人的权益保护具有非常不利的影响。首先,若发生保险事故,而保险人依合同中的免除责任条款为由而拒绝投保人或被保险人的请求理赔,则法院不得不支持保险方。其次,国家的保险监管机关亦未对该问题做出任何涉及保险人特殊

---

① 马宁:《论保险人说明义务的履行方式与标准——以对我国司法实务的考察为中心》,载《时代法学》2010 年第 2 期。

② 【柬文】柬埔寨《保险法》第 12 条第 1 款第(9)项规定,"保单中须说明:(9)认定合同无效和权利丧失的条件以及保险期未满时提出终止的条件"(笔者译)。

说明义务的要求,导致诸多相似案件的判决结果有不确定性以及不合理性,使得保险当事人的利益显失公平,所以有必要对此进行完善。

(2)如实告知义务的不明晰

与上述一样,在缔结合同阶段,法律要求投保人抑或被保险人向保险公司履行如实告知义务。此时,保险人有权向投保人询问与保险标的相关的事宜。"如实告知义务"是一项先合同义务,当事人在缔约合同时,投保方须就涉及保险标的的具体情况向保险公司如实陈述。这里所谓涉及保险标的指,与标的物有关的重要事项。此项义务的主要目的是为保险公司提供详细信息,为保险公司提供判断投保人可保性的依据,评估以何种费率承保保险。此项义务早已被许多国家以立法的方式固定下来,例如,德国、中国等。①

若义务人故意隐瞒事实、故意不履行如实告知义务抑或故意提供有关保险标的的不实材料,且该材料或事实对保险人决定是否与投保人或被保险人签订承保合同具有影响,或是影响保险人判断保险费的费率,保险人有权解除合同。② 在立法例上,投保人或被保险人的如实告知义务是一种法定性规定,即具有强制性。立法采取此种做法是因为,保险人往往会因投保人或被保险人尚未履行如实告知义务为由而拒绝赔付保险金。柬埔寨《保险法》第19条第1款规定,"若保险公司发现投保人故意隐瞒或者故意提供有关保险标的的不实材料并导致风险程度的变化,保险公司可解除该合同"。柬埔寨保险立法与其他国家一样,将如实告知义务的规定纳入了立法中。但令人惊讶的是,在同一条的第2款的规定中,立法又加上保险人的主张解除合同的抗辩条款,即规定"保险人不能以投保人或被保险人的疏忽或无意的告知不清材料或事实为由而主张提出解除合同。"③首先,这一款的规定违背了民法上的缔约过失责任(重大过失责任)。其次,这款规定违反了保险合同的最大诚信原则。在最大诚信原则中,要求保险合同双方当事人以最大的善意行事,尤其对投保方而言,不得忽略自己明知或易获知的重要事项而主张免责。柬埔寨保险法第19条,仅在投保人故意违反如实告知义务的前提下才要求承担责任,而对义

---

① 德国《保险契约法》第16条第1款、中国《保险法》第16条第1款、中国台湾地区"保险法"第64条。

② 【柬文】柬埔寨《保险法》第19条第1款规定,"若保险公司发现投保人故意隐瞒或者故意提供有关保险标的的不实材料并导致风险程度度的变化,保险公司可解除该合同"(笔者译)。

③ 【柬文】柬埔寨《保险法》第19条第2款规定"投保人或被保险人,因疏忽或者无意致使告知不清其事实或材料不得作为保险合同无效的事由"(笔者译)。

务人的过失（重大过失）不追究责任（《保险法》第 19 条第 2 款）。在很大程度上，重大过失对义务人而言，是避免承担责任的最大工具，因为要证明义务人的故意行为实在太难，而相反证明重大过失则相对容易。因此，忽略投保人的重大过失责任不仅违反民法上的缔约过失责任原则、违反保险合同的重大诚信原则，亦阻碍了保险业的发展。

3.违反说明义务和如实告知义务的法律后果的缺陷

保险合同双方当事人应当秉持诚实信用原则履行义务。[①] 原则上，违反说明义务和如实告知义务的形式，包括故意不告知或故意虚假陈述、重大过失和疏忽等行为。根据柬埔寨保险法的规定，只要投保人或被保险人故意隐瞒事实、故意不履行如实告知义务抑或故意提供有关保险标的的不实材料为由，保险人才可以提出解除合同。法律只规定合同无效的事由，却尚未规定对保险人在合同无效前所付过的赔偿或者尚未负赔偿是否仍有责任赔付。此外，投保人已全部缴纳或者部分缴纳的保费，合同宣告无效时是否应当归还给投保人抑或保险人可扣减等事项，法律都没有规定。另外，若保险人违反说明义务，对于合同是否宣布无效或投保人是否有权提出解除合同，法律都尚未明文规定。再者，在此情形下，若合同被解除或宣布无效，那么保险费是否归还于投保人？法律对此问题也一无规定。这是立法的一个重大缺陷，将损害保险消费者的利益，因为保险合同和保单基本上都是由保险人拟定的，所以合同内容或保单内容肯定较有利于保险人。如不在立法中加以明确，保险人则会滥用自己的权利，通过格式条款损害投保人或被保险人的合法权益。

三、结语：立法完善的几点思考

虽然 2014 年柬埔寨政府将《保险法》进行修改完善，但大部分的问题尚未解决。本文对柬埔寨现行保险法进行探讨，提出了保险合同法及保险业法在未来修正完善的选择路径。柬埔寨现行保险法仍需要解决有关保险合同的问题，其一，保险合同中的保险利益，包括人寿和财产保险的保险利益的定义与范围；其二，但关于最大诚信原则，尤其保险当事人的义务（含说明和告知义务）的含义与范围仍模糊不清、违反义务的判断标准以及其违反义务的法律后果尚未明文规定，使在实践操作中无法确保保险消费者的权益保护及致司法

---

① 【柬文】柬埔寨《保险法》第 9 条规定，"签订保险合同，投保人和保险公司必须遵守诚信原则、互相利用、通过谈判取得一致的原则和不能损害公共利益"。（笔者译）

实践的巨大困境。笔者将对柬埔寨未来法律修正提出一些思考的观点。

(一)立法结构的改善

在遵循法治的国家中,从理论和概念的性质出发,民事与行政之立法间都保持着明确的区分。具体而言,私法领域中,保险合同法属于私法的一种民事立法。而保险监督管理法或其享有行政性的行政法是属于公法领域的。世界上具有领先保险市场的国家,如德国、日本、韩国等国都采取将保险合同法纳入商事合同交易法中,而将保险监督法规归纳为市场行政监管的行政法中的做法。

柬埔寨《保险法》在立法上采取了公法和私法合一的做法,即将保险合同法与保险监管法混合规定。虽然立法对旧的保险法进行了修正,但 2014 的修正法并未修正旧法所留下的理论错误。因此,笔者认为在未来的修正法中,为了符合立法基本原则的现代化及立法的科学化,应将这两部法律分别规定,即保险合同法和保险监管法。理由如下:

第一,保险合同法和保险业法调整的对象并非一致。保险业法的规范主要由保险业务监管机关负责,是一种企业监管的行政管理手段,而保险合同规则,调整的是保险合同当事人包括投保人、被保险人、保险人以及保险合同相关的受益人之间的民事法律关系。

第二,法律规范的性质不同。保险合同法规范在法律性质上属于民事规范,而保险业法则属于行政规范。将这两部法律区分有助于保险消费者的权益保护,避免以滥用不适当行政权力为由侵害保险参与者。况且,在一部法律中异质性规则过多会导致立法技术上的协调难度。

第三,原则性质的不同。保险业法属于公法,而保险合同法属于私法,两个法律合并规定在一部法律中,违反了法律自身的逻辑。在保险人出现违约情况下,主管机关容易关注行政责任的惩处,而忽视其民事责任的承担。同时,容易以公权力介入私人交易。

(二)保险合同法的改善

关于保险合同,应当对这三方面进一步改进。其一,保险合同中的保险利益,其二,合同当事人的义务,其三,2014 年《保险法》的修正尚未明确规定违反如实告知义务的法律后果。

1.保险利益的立法修改建议

原则上保险利益是保险法的一项基本原则,它拥有消除赌博行为的现实、预防道德风险和更有效地分散风险及消化损失之功能。柬埔寨 2014 年《保险法》的修订第 15 条仍然保留了旧法的内容，即规定"保险利益"是以保险标的所获得的赔偿金额，而不是指对保险标的所享有法律承认的利益（拥有所有权或者其他合法的利益关系）。另外，由于该条款属于保险合同中的一般规则部分，则说明这一条款的规定同时亦适用于财产、人身和人寿保险合同。简言之，此条款的规定很明确地将保险利益都归属于投保人一人。这一条款规定的主要问题在于，保险的主体归属都在投保人一人的手中，并没有考虑到投保人与被保险人存在不一致的社会现实。理论上，财产保险的核心原则就是以填补被保险人所遭受损害为目的的保险。而保险人的保险金赔偿责任也就以被保险人所发生的实际损失为前提产生。倘若被保险人对保险标的没有任何保险利益，则被保险人无实际损失，那么保险人的填补赔偿责任的依据是从何而来的？再者，被保险人是唯一在保险事故发生时所拥有请求保险金赔偿权之人。正因如此，应将保险利益的主体归属于被保险人。正如郑玉波教授所言，被保险人具有保险利益才是绝对必要的。被保险人之所以享有赔偿请求权是因为遭遇了损害，如果无保险利益存在，岂能有损害可言？与此同时，享有损害赔偿之请求权而无保险利益，怎能防止道德风险？[①] 柬埔寨 2014 年《保险法》对保险利益的规定明显较为模糊，在司法实践中存在很大的缺陷以及不符合保险制度的本质理论。笔者认为，立法者应当在保险合同的总则部分将"保险利益"的含义表述清楚。与此同时，要明确地区分人寿保险和财产保险之间的保险利益。对于《保险法》第 15 条的规定建议修改如下：

（1）投保人抑或被保险人应当对保险标的具有保险利益，若无保险利益合同无效。

（2）人寿保险中，签订保险合同时，被保险人或投保人必须对保险标的享有保险利益；财产保险合同中，应明确表示，在保险事故发生而导致保险标的遭受损失的同时，被保险人必须对该保险标的享有保险利益，若没有保险利益则合同无效。

（3）保险标的指的是，投保的对象包括财产、人的身体和寿命。

2.说明义务和如实告知义务的立法修改建议

虽柬埔寨保险立法有明确规定保险人的一般说明义务，但未对保险人的"免除责任的条款"明确说明义务进行明文规定，这造成在保险实务中保险人

---

① 郑玉波：《保险法论》，三民书局 1994 年版。参见韩长印、韩永强：《保险法新论》，中国政法大学出版社 2010 年版，第 44 页。

通常不会履行该义务。通常保险人会在合同或保单之中将所有重要的事项列举出来，而投保人填写及签字即可。投保人在签订缔约时，因投保人对保险专业方面不大熟悉，常会将自己较关心的事项提出疑问，保险方就投保人的疑问解答。因此，极易存在投保人意识不到保险人免责条款存在的问题，法律未规定保险人的"免除责任条款"的说明义务对保险消费者权益有很大的不利影响。笔者认为，立法者应对此问题进行全面改善，改善内容如下：

（1）法律应当明确区分保险人的说明义务为"一般说明义务和免除责任条款"的说明义务。

（2）法律应当规定，保险人应当就"免除责任条款"向投保人明确说明，并规定保险人违反此明确说明义务的法律后果。

（3）对于"免除责任条款"的规定，法律应当规定，保险人应在保险合同中抑或保单中将"免除责任条款"的规定以粗字和黑体等方式进行标注。

（4）法律应将投保人因自己故意和重大过失视为违反如实告知义务的事由。此外，应进一步明确规定，保险人有权在投保人故意或重大过失的情况下，若保险事故发生保险人有权拒赔，若保险人已付赔则有权请求返还其已付的金额。

（5）法律应将《保险法》第19条的第2款规定改为"因投保人的疏忽或者无意的告知不清其事实或材料，保险人有权解除合同抑或继续承保，但以提高保费率为条件"。且明确规定因投保人的疏忽或者无意的告知不清其事实或材料的其法律后果。

3.违反义务的法律后果的完善

依《保险法》第19条的规定，可以将投保人违反如实告知义务区分为故意隐瞒事实的真相、故意提供不实材料等两类。在私法实践中，故意行为被视为"一方明知并仍行使该行为"。在保险法中，则视为"投保人就其将事项说明时，明知此事而故意不为告知抑或将虚假的事实告知保险人"。从民法原理出发，故意违反行为被视为欺诈，各国对此行为允许一方当事人有权解除合同或撤销合同（合同尚未成立）。柬埔寨《保险法》也对此情形做了规定，允许保险人享有解除合同的权利，但是并没有对保险人解除合同之后是否应该就之前承保的金额进行索赔以及当事人的保费是否不予退还进行规定。许多国家或地区的保险立法，不仅允许保险人解除合同，同时亦进一步规定，对合同解除前的其已经发生过的保险事故，保险人一律不承担赔付保险金责任并不退还已交的保险费。采取此做法的国家有中国、法国和西班牙等国家。各国立法这样规定的理由是，投保人可能认为，若自己的欺诈行为失败了也不会遭受什么损害,相反,若欺诈行为达成了,自己会获得利益。[①] 正因如此,大多数国规定此种情形下不退还保险费是为了防止投保人的欺诈行为发生,也是对投保人的一种惩罚。笔者认为对于违反告知义务的法律救济,柬埔寨可借鉴国外的做法,即将解除合同的同时亦不需退还保险费。在另一方的义务上,即保险人的说明义务上,与上述相同,法律亦规定保险人负有说明义务,只不过尚未明文规定就违反义务的法律后果。在未来修订法时,立法应当对保险人违反说明义务的法律后果进行明文规定,即将"保险人违反实施说明义务或故意隐瞒事实,投保人可以解除合同,保险人应退还保险费给投保人"。再者,"保险人应当将保险合同或保单中所涉及免责条款向投保人进行明晰说明或解释"。

---

① 马宁:《保险法如实告知义务的制度重构》,载《政治与法律》2014 年第 1 期。

马来西亚法治建设评估

关睿涵*

摘要：马来西亚作为"一带一路"沿线国家之一、东盟创始成员国之一，在国际社会经济发展体系、法治建设体系中起着重要作用。评估马来西亚法治建设情况具有一定的现实意义，为实现中国与马来西亚、"一带一路"沿线国家、全球法治建设互联互通提供理论基础。马来西亚的法治体系主要囊括以君主立宪联邦制为核心的政治体系、以《马来西亚宪法》为核心的立法体系、以皇家警察为主要执法机构的执法体系、以普通法院和伊斯兰法院双轨并行的司法体系。本文主要围绕马来西亚的立法、执法、司法三个方面并结合其政治、经济、文化、宗教特征来阐释马来西亚的法治建设现状及问题，并针对问题提出相应的建议，初步形成全方位的法治建设图像。

关键词：马来西亚；法律制度；法治建设

一、马来西亚概况（国家基本情况、政体、与"一带一路"的五通情况）

马来西亚联邦（Union of Malaysia），简称马来西亚，是东盟创始国之一，位于东南亚，国土面积共 330345 平方公里，被中国南海分隔成东、西两部分。西马位于马来半岛南部，北与泰国接壤，南与新加坡隔柔佛海峡相望，东临中国南海，西濒马六甲海峡。东马位于加里曼丹岛北部，与印尼、菲律宾、文莱相邻。马来西亚全国分为 13 个州和 3 个联邦直辖区，截至 2020 年，全国人口总

---

* 关睿涵，西南政法大学国际法学院硕士研究生。

计 3227 万①,其中马来人占 69.1％,华人占 23％,印度人占 6.9％,其他种族占 1％。马来语为马来西亚官方语言,英语为通用语言和函电语言,其他还有汉语、泰米尔语以及一些部族语言。2018 年马来西亚国内生产总值(Gross Domestic Product,以下简称 GDP)12298 亿林吉特,比上年增长 4.7％,国内人均生产总值 18760 亿林吉特。

1957 年独立后,迅速的工业化使马来西亚经济从主要依靠矿物和农业出口转向以制造业和服务业为主。根据"展望 2020"的经济发展蓝图,马来西亚的目标是 2020 年成为发达国家。当下,马来西亚部分商品仍是全球市场的重要组成部分。马来西亚是棕榈油的主要生产国,也是橡胶的主要来源地之一,还是石油、天然气、电力和电子产品的生产国和出口国,电子产品占制造品出口总值的 36％。然而,为了进一步将国家提升为一个更发达的经济体,马来西亚正在转向一种基于创新和知识产权的新经济模式。马来西亚致力于多边贸易体系。该国保持了一种相对开放的贸易政策制度,其政策目标是改善初级商品、制造品以及促使越来越多的服务贸易出口至全球市场。作为东盟创始成员国,马来西亚签署东盟自由贸易区协议(AFTA)以不断减少产品进口关税,并期望建立一个在市场区域内完整的自由贸易链。马来西亚还享有白俄罗斯、日本、哈萨克斯坦、列支敦士登、挪威、俄罗斯和瑞士的普遍优惠制特权。

马来西亚政府鼓励外国投资,但对某些行业的投资设有限制。自 2009 年以来,马来西亚政府持续开放服务业,允许外资参股,开放了包括卫生、社会服务、旅游、交通、商业服务、计算机及相关服务等 128 个行业。为便利投资,马来西亚设立了一个国家服务部门投资批准委员会。当下,吉隆坡正在发展成为区域仲裁中心。国际投资争端解决中心已选择吉隆坡设立了常设仲裁法院。根据瑞士洛桑国际管理发展学院(Lausanne's IMD business school,简称 IMD)2019 年世界竞争力排名,马来西亚在全球最具竞争力市场排名第 22位,超过了日本、法国和英国②。

马来西亚是"一带一路"倡议的重要节点国家,并对"一带一路"项目持有积极参与的态度。2015 年,马来西亚前总理纳吉布在"中国—马来西亚经济

① Malaysia Population Clock, https://web. archive. org/web/20131205145703/http://www.statistics.gov.my/portal/index.php? option＝com_content&view＝article&id＝213&lang＝en, last accessed on March 29, 2021.

② The IMD World Competitiveness Ranking, IMD, https://worldcompetitiveness. imd.org/rankings/WCY, last accessed on December 13,2019.

高层论坛"中表示,中国提出的"一带一路"倡议市场巨大,潜力无限……2014年中国同"一带一路"沿途国家贸易已经超过 1.1 万亿美元。"一带一路"的实施必将给沿线国家带来福祉①。马来西亚交通部长廖中莱 2017 年 4 月 21 日在马来西亚《星报》上发表文章如此称赞道:"一带一路"将激发马来西亚的经济潜力的强大引擎。② 但从 2018 年开始,马来西亚开始逐渐谨慎审视"一带一路"项目中的财务风险和项目主导权,并开始重新审议有关"一带一路"项目的决定。虽然马来西亚于 2018 年 7 月暂停了三个"一带一路"项目,但马来西亚政府及民间对"一带一路"态度依然积极,只是变得更谨慎。③ 在北京大学发布的《2018"一带一路"沿线国家五通指数报告》中,马来西亚互联互通发展状况位列第三,与中国达到了最高级别的合作水平,属于"顺畅型国家"。④

二、马来西亚立法制度

马来西亚领土自 19 世纪沦为英国殖民地后,到 20 世纪 50 年代才获得独立。在英国通知的 100 多年中,强行在"海峡殖民地"(包括现在的马来西亚、新加坡和文莱,新加坡在 20 世纪 60 年代从马来亚联合邦独立出来)推行自己的法律。这些法律制度在马来半岛上实行长达 100 多年,对以后的马来西亚法律制度产生了巨大影响。⑤

(一)马来西亚立法机构

根据马来西亚宪法第 66 条的规定:马来西亚国会是马来西亚的最高立法机关。马来西亚国会由苏丹、上议院(Dewan Negara)、下议院(Dewan

---

① 《马来西亚总理:东盟将积极参与"一带一路"建设》,载中国新闻网 2015 年 11 月 23 日,http://www.chinanews.com/gn/2015/11-23/7637394.shtml。

② 《"一带一路"将激发马来西亚的经济潜力的强大引擎》,载国务院新闻办公室网站 2017 年 4 月 26 日,www.scio.gov.cn。

③ 范强:《从智库视角看马来西亚对"一带一路"的认识变化》,载《中国社会科学报》2019 年 8 月。

④ Peking University, World Premier of The Belt and Road Initiative: 2018 Report on Five Connectivity Indexes at Taihe Civilizations Forum, Peking University Institute of Ocean Research, https://ocean.pku.edu.cn/info/1165/3077.htm, last accessed on December 12, 2019.

⑤ 米良:《论马来西亚宪政制度的特点》,载《学术探索》2009 年 6 月。

Rakyat)三部分组成(上议院议员称为"参议员",下议院议员称为"议员"或"普通议员"),负责制定、修改和颁布在马来西亚全国实行的法律。国会有权通过联邦法律、对现行联邦法律进行修订、审查政府政策、批准政府支出并批准新税种。下议院五年进行一次大选,而上议院三年举行一次大选。虽然上议院议员在任时间短于下议院,但上议院参议员可以连任一次。

为了使国会能够充分和有效地履行其职责,《马来西亚联邦宪法》予国会成员"国会特权"下的某些权利和法律豁免。联邦宪法第 55 条规定:只有苏丹陛下才能召集国会;陛下也拥有休会或解散国会的绝对权力。陛下也不允许两次国会召开的时间间隔六个月以上。

同样根据马来西亚宪法第 66 条:在马来西亚,内阁政府部门或其部长、非内阁议员、两院议员可以提出草案,并交由内阁决定是否进入"三读"程序。但只有内阁成员才能提交有关财政的草案,内阁通过草案之后将其印发给所有的议员,并在下议院进入"三读"。"一读"是由提交草案的部长或部门在国会向所有议员进行宣读,之后进入"二读"。"二读"阶段议员将对草案进行一般性的辩论。"三读"阶段,议员将对法案进行投票决定是否批准草案通过,通常情况下需要 2/3 多数票才能通过草案,但在某些情况下,只需要多数票即可。

在下议院获得通过的草案,需要进入上议院进一步进行"三读"。参议院可能会采取延迟审议的方式否决某项草案,但若延迟时间超过一年,草案将自动通过。通过的草案将呈交于苏丹进行批准。若草案遭到否决,其将附带一份苏丹的修改建议清单返回至国会。在收到回执的 30 天内,国会必须对草案进行修改并重新呈交于苏丹。苏丹将再次得到 30 天的期限对法案进行审阅并批准,一旦超出时限,草案将自动成为法律。通过的法律只有在政府公报公布之后才生效。

由马来西亚国会通过的法律被称为"联邦法律",州法律由州议员在州立议会提交并审议,并只适用于该地区。联邦宪法第九附表列举了联邦政府与州政府之间立法权的分配,并列在"联邦清单""州清单"和"并发清单"中。联邦清单的主要领域是对外事务、国防、国家安全、民法、刑法、公民权、金融、商业、航运业、通信、卫生、劳工。州清单的主要领域则是土地、农业、林业、地方政府、河流捕鱼、穆斯林法律等事项。在联邦政府和州政府的授权下,州清单涵盖社会福利、奖学金、野生动植物、城镇保护以及国家计划。根据马来西亚宪法第 75 条的规定:如果任何州的法律与联邦法律不一致,应以联邦法律为准,而州法律在不一致的情况下无效。

(二)马来西亚法律体系

马来西亚法律体系复杂,其主要源于英美法系(普通法)的法律体系,大致沿袭殖民地时期的宗主国英国。马来西亚的法律体系早在 19 世纪到 20 世纪 60 年代受英国对马来亚、砂拉越和北婆罗洲的殖民所产生的影响而形成。在 1963 年建国之前,马来西亚以英国的法律为基础,即采用判例法。马来西亚立法也同时参考并借鉴其他英美法系司法管辖区,例如澳大利亚和印度[①]。

1957 年马来亚联邦独立并在 1963 年成立马来西亚后,马来西亚以《马来西亚联邦宪法》作为国家最高法律,规定了马来西亚的法律框架、马来西亚公民的基本权利、三权分立原则以及联邦政府与君主的角色与管辖权限。马来西亚国会所颁布的联邦法律适用于全国各地,各州立法议会所颁布的州法律仅适用于该州,且不得与联邦宪法有所冲突。

马来西亚的法律制度依据《马来西亚联邦宪法》第 121 条第 1 款 A 项的规定,采取双司法系统制度,分为两大类:英美法系(主要法律体系,适用于全国人民)和伊斯兰教法(仅适用于穆斯林生活事务)。此外,马来西亚联邦宪法第 3 条规定,伊斯兰法律属于州法律的范畴,联邦直辖区除外(联邦直辖区的伊斯兰法律由联邦政府负责)。伊斯兰法律以伊斯兰教法为依据,相关法院被称为伊斯兰法院或回教法院。从整体来看,伊斯兰教法在马来西亚法律体系中所发挥的作用相对非常小,其仅适用于穆斯林。在民事法方面,伊斯兰法院管辖权包括部分的个人法律事务,例如婚姻、财产继承权和叛教等。部分州属还制定了伊斯兰刑法,例如《1993 年吉兰丹回教刑法》。然而,伊斯兰刑法的管辖范围仅限于罚款金额不能超过 5000 令吉、监禁不超过 3 年的案件。2007 年 8 月,时任首席大法官曾建议以伊斯兰教法取代目前在马来西亚使用的英美法系(普通法)。

(三)马来西亚的重要立法

如上文所述,马来西亚立法形式多样,采用了双司法系统制度并分为英美法系和伊斯兰教法两大类。马来西亚各州立法议会可自行制定州法律,但仅适用于该州,且不得与联邦宪法有所冲突。

因此,马来西亚主要立法形式包括联邦宪法、联邦法律、马来西亚 13 州各

---

① 马来西亚刑事诉讼程序是基于印度刑法的形式而成。"合同法"也是采用印度的法律模式。但马来西亚土地法却是基于澳大利亚托伦斯制度。

州法律、国家法令、判例法、伊斯兰法、行政机关附属法令①。

法律法规颁布后，将会统一发布在《马来西亚法律汇编》（*The Laws of Malaysia series*）。该汇编是根据马来西亚 1968 年《法律修订法令》第 14 条 A 款出版，是马来西亚官方出版物。《马来西亚法律汇编》系列包含了 1969 年及之前颁布的马来西亚所有主要法律。

（四）马来西亚立法评价（特点及成效）

如今，普通法依然在马来西亚发挥重要的作用。尽管已经有许多新的制定法颁布，但更多的还在制定过程当中。同时，随着伊斯兰在马来西亚资本市场、金融市场等商业活动领域的潜力不断增强，伊斯兰法中的原则，特别是涉及商业领域的原则将不断进入主流视野。然而，这并不会取代普通法在马来西亚的地位，普通法仍将是马来西亚法律制度下普遍形成商业性法律法规的基础。② 在劳工以及人权方面，马来西亚采取了积极措施，努力改进其法律框架，以防止和处理劳工剥削、强迫劳动和贩运问题，取得了有效的成果，获得了国际劳工组织的赞许。③

三、马来西亚的执法制度

（一）马来西亚执法机构

马来西亚的执法工作由许多执法机构负责，一般由马来西亚皇家警察直接负责，皇家警察是负责维持该国法律和秩序的主要政府机构。与许多联邦

---

① 行政机关有权根据《联邦宪法》第 39 条的规定通过授权和起草法案来管理和执行法律。参见 Shaikh Mohamed Noordin & Lim Pui Keng, An overview of Malaysian legal system and research, *Global Law & Justice*, https://www.nyulawglobal.org/globalex/Malaysia.html♯_2._Legislative_Authority, last accessed on December 13, 2019.

② Dr. Sharifah Suhanah Syed Ahmad, UPDATE: Introduction to the Malaysian legal system and sources of law, *Global Law & Justice*, https://www.nyulawglobal.org/globalex/Sources_Law_Malaysia1.html♯Legislation, last accessed on December 13, 2019.

③ Situation and gap analysis on Malaysia legislation, policies and programmes, and the ILO Forced Labour Convention and Protocol, International Labour Organization, https://www.ilo.org/wcmsp5/groups/public/---asia---ro-bangkok/documents/generic-document/wcms_650658.pdf, last accessed on December 13, 2019.

国家一样,法律和秩序是国家的一个重要部分,《马来西亚宪法》规定大部分治安工作由马来西亚各州和地区负责。

1.马来西亚皇家警察

马来西亚皇家警察是一个集中的组织,负责交通管制、情报收集。其总部位于吉隆坡武吉阿曼。马来西亚《警察法》(1967)对警察部队的组成、管制、雇用、招募、资金、纪律、职责和权力作了具体规定,同时根据《马来西亚宪法》的规定马来西亚皇家警察具有非常广泛的执行权利①。该组织隶属马来西亚内政部,有六个部门负责预防犯罪和恐怖主义,两个部门负责行政管理。所有部门均由警务处处长(军衔相当于三星上将或中将)领导。

2.私营保安服务

马来西亚政府设置了辅警、志愿警察的服务。私营保安服务中的辅警指的是在自治政府机构和与政府有联系的重要公司或实体[例如马来西亚机场控股公司、国家石油公司、诺斯波特、马来亚铁路公司、马来西亚控股集团、联邦土地开发署(FELDA)、国民储蓄银行]中服务并宣誓过的安全警察。警察志愿者队伍已形成警察志愿者后备队和警察大学生志愿者队两支队伍。警察志愿者后备队是一支特种警察队伍,也是全职的苏卡雷拉万波利斯警察部队的一个支助单位,普通公民可以志愿加入这一队伍维护其各自社区和公共区域的和平与安全。而警察大学生志愿队中的大学生需要在其各自的大学进行三年的定期培训,并将在三年培训结束后被警察总监委任为警察。

3.马来西亚海洋执法署

马来西亚海洋执法署作为主要的政府机构,实际上是马来西亚的海岸警卫队,其并未被并入马来西亚武装部队。该机构负责维护法律和秩序,协调在马来西亚海域和公海的搜救行动。该执法署及其成员是马来西亚公务员体制的一部分,相关工作直接向总理部报告。

4.马来西亚皇家关税局

马来西亚皇家关税局是马来西亚财政部的政府机构,负责管理国家间接税政策,实施七项主要法律和三十九项附属法律。除此之外,马来西亚皇家关税局还协同其他政府机构实施十八项法律。

5.反贪局

反贪局也是马来西亚的政府机构之一,负责调查和起诉公共部门和私营

---

① 陈华:《马来西亚警察权的配置、运行与法律规制》,载《北京警察学院学报》2018年第6期。

部门的腐败行为。反贪局是以香港廉政公署及澳洲新南威尔斯州廉政公署等顶尖反贪污机构为蓝本而设立。该机构目前由首席专员 Datuk Abu Kassim Bin Mohamed 领导，他于 2010 年 1 月接替前首席专员 Datuk Seri Ahmad Said Bin Hamdan 担任这一职务。同样，该机构目前隶属于总理部。

6.Rela 军团

Rela 军团是由马来西亚政府组建的准军事民间志愿军团。他们的主要职责是检查在马来西亚的外国人，包括检查外国游客和移民的旅行证件和移民许可证，以降低马来西亚的非法移民增长率。Rela 军团有权实施属于警察职权范围的某些行动，例如突袭如工厂、餐馆甚至旅馆等可疑的街道或地方。他们还完全有权进行审讯，甚至拘留忘记带旅行证件（护照或工作许可证）的人。此外，Rela 军团在战争期间会被吸收到马来西亚军队作为支持团体。如果需要，他们还负责搜救工作。

马来西亚的执法机构还包括负责移民等事项的马来西亚入境事务处；马来西亚国家登记局；根据《马来西亚道路运输法》负责对马来西亚境内的司机和所有机动车辆和拖车进行登记和发放许可证的马来西亚陆路交通局；马来西亚公司委员会：是马来西亚公司注册处（ROC）与商业登记处合并而成立的法定组织，于 2002 年 4 月 16 日开始运作。马来西亚公司委员会主要负责公司的成立和注册，监管公司及商业活动，并向公众提供公司和商业信息。作为改善企业管治的领导机构，该委员会履行其职能，通过全面的执法和监测活动，确保企业法规得到遵守，以保障国家企业和商业部门的积极发展；马来西亚中央银行：马来西亚中央银行受 2009 年《马来西亚中央银行法》规范，其作用是促进货币和金融稳定，为马来西亚经济的可持续增长提供一个有利的环境；马来西亚竞争委员会：于 2011 年 4 月 1 日成立，目的是执行《马来西亚竞争法》（2010）。该委员会旨在保护消费者利益、提高企业效率和促进整体经济的发展，保障商业市场自由和公平竞争；马来西亚知识产权局（MYIPO）：为了顺应国内和全球知识产权的发展，由国内贸易和消费者事务部管辖的知识产权局于 2003 年 3 月 3 日公司化，称为马来西亚知识产权公司，负责执行《马来西亚知识产权公司法》（2002）；马来西亚证券委员会：该委员会根据《马来西亚证券委员会法》（1993）成立，是一个自筹资金的法定机构，具有调查和执法权力。它向财政部长报告，每年将账目提交议会讨论。除了履行其监管职能外，该委员会还根据法规有义务鼓励和促进马来西亚证券及衍生市场的发展；地政总署：作为国家土地管理的先驱，地政总署的作用是修订或改进有关土地管理的任何规定，管理联邦政府的土地财产，为联邦政府收购转让的土地，租赁和执行联邦政府的土地财产,以及管理小地产分配;马来西亚合作社委员会:是一个于 2008 年 1 月 1 日注册成立的实体,前身为马来西亚合作发展部(JPK);马来西亚社团登记处:该组织织是马来西亚内政部下属的一个处理非政府组织和政党事务的部门。1966 年《社团法》第 2 条将社团界定为由七人或七人以上组成的任何俱乐部或协会,不论其性质或目标如何,不论是临时性的还是永久性的,但不包括根据任何成文法要求登记的机构,如公司、合作社、工会、家长教师协会和体育机构;马来西亚生产力公司(MPC):MPC 以前称为国家生产力公司,成立于 1962 年,是联合国特别基金会和联邦政府的一个联合项目,其职能包括传播与生产力有关的信息,建立含有国家生产力指数、案例、创业等领域专业知识的信息中心。

(二)马来西亚执法能力建设

马来西亚在独立后不久就开始改革公共行政执法体系,拉萨、马哈蒂尔、拉卜杜拉等几位首相围绕整合官僚机构、培训公职人员、建立调查机构等方式进行行政改革,旨在遏制腐败,强化公共责任。其中,马来西亚皇家警察作为重要的执法主体,提高其综合能力的重要性不言而喻。《马来西亚联邦宪法》(以下简称《宪法》)直接涉及警察权的条款共有 5 处,分别是第 132 条第 1 款、第 140 条、第 144 条第 6 款、第 146 条第 2 款第 4 项及附表九中的第 3 条。《宪法》第 132 条是关于公共服务(行政)机构范围的规定,其中第 1 款将"警察部队"列为公共服务机构之一,是对警察权性质的整体界定,即《宪法》将"警察权"视为一种行政权,并将警察机构的设置与管理纳入公共行政部门的序列中。在成文宪法国家中,并非所有国家会将警察权直接纳入宪法文本加以规范,这取决于警察在该国社会治理中的地位、作用与司法环境等因素,这便反映出马来西亚对警察权问题的重视程度。不过,以皇家警察为代表的马来西亚执法机构存在普遍且严重的腐败问题,具体表现为滥用职权谋取私利、滥用职权限制人身自由等等,多达 40% 的高级警官都有受贿之嫌。故马来西亚政府先后设立了用于调查警察并且提出建议以供改进的皇家委员会(Royal Commission)、讲授课程以提高廉洁程度的马来西亚廉政学院(Integrity Institute of Malaysia)、训练反贪污人员的反贪学院(Anti-Corruption Academy)以及强化对腐败的调查和起诉的反贪局(Anti-Corruption Agency, ACA)来以此完善行政执法体系。另外还建设提供公共服务培训的 Tadbiran Awam Negara 学院,注重行政人员的自身素质和执法能力的培养。

（三）马来西亚执法制度的评析

首先，纵观马来西亚的执法改革历史，可以看出其政府已经认识到执法机构内部存在的主要问题，也在一定程度上取得了改革成效。但腐败问题依然显著，警察滥用拘留权、监视居住权等侵犯人权的行为层出不穷，公权力的官僚主义色彩仍然浓厚。其次，马来西亚对执法系统的改革主要是内部改革，有一定的局限性。所以，要提高执法质量须在注重内部改革的同时，强化外部改革，完善规制执法人员、机构的法律，设立更加独立的反腐机构，以马来西亚宪法为基础，强化对执法的司法监督，使法院更好地扮演"权力监督者"的角色。

四、马来西亚的司法制度

马来西亚的司法制度由国家最高法律——《马来西亚联邦宪法》予以规定，宪法明确规定了马来西亚的司法体系，还规定了独特的双重司法制度——世俗法律（刑事和民事）和伊斯兰教法。

（一）马来西亚司法体系

1.审判制度

（1）法院的设置及管辖

马来西亚的国家结构形式名义上是"联邦"，实际上是单一制国家。整个制度体系建立在君主立宪的基础之上，具有强烈的中央集权色彩，但又效仿了西方的"三权分立"制（见图1）。其中，司法权由联邦法院、高等法院和地方法院等司法机构行使。首先，联邦法院拥有最高的司法权，有权解释宪法，裁决州与州之间的争端或是州与联邦之间的争端，并作为全国最高的上诉法院。其次，马来西亚高等法院与沙巴和沙拉瓦高等法院是设于联邦法院之下的两个权限、地位相同的法院，分别审理本地区的重大案件，可以将经初审后的案件递交给联邦法院。下级法院包括初级法庭、地方法庭和审理地方民事和刑事案件的法庭，此外还有专门处理穆斯林教徒的婚姻、家庭等问题的穆斯林宗教法庭。由于历史原因，马来西亚受英国法的影响，主要实行判例法，在联邦宪法中赋予法院民事、刑事管辖权，并允许法官造法、解释联邦和州法律，甚至审查法律的有效性。法院之间有明显的位阶性，下位法院有义务遵循上位法院的"先例"，这样的"先例"也是律师进行法庭辩论的依据。判例对司法体系的建构起着极其重要的作用,故自 1932 年被刊载在指定的刊物上。目前,被筛选的案例会定期刊载在《马来亚西法律》(Malaysia Law Journal)、《当今法律》(Current Law)、《全马来西亚法律报告》(All Malaysia Report)这三大法律核心刊物上①。

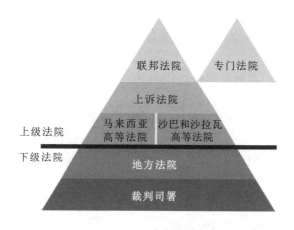

图 1　马来西亚法院等级视图

①联邦法院

(a)上诉管辖权[宪法第 128(3)条]:裁定上诉法院及高等法院的上诉。

(b)排他性初审管辖权(宪法第 128 条第 1 款):解决议会或国家立法机关就法律的有效性提出的问题;解决各州之间或联邦与州之间就其他问题提出的争议。

(c)移交管辖权[宪法第 128(2)条]:解决任何法院对《宪法》条款的效力提出的问题。

(d)咨询管辖权(宪法第 130 条):针对元首就已经产生或可能产生的《宪法》条款的效力提出的问题发表意见。

②上诉法院

(a)上诉管辖权:就不服高等法院或其法官的决定而提出的上诉(民事及刑事)作出裁决。

---

①　林伟翔:《马来西亚民事诉讼程序初探——兼论马来西亚的审级制度》,载《民事程序法研究》(第 15 辑),厦门大学出版社 2006 年版,第 200 页。

(b)联邦法律授予的其他管辖权。

③高等法院

(a)初审管辖权：民事——索赔超过 100 万林吉特的诉讼；刑事——所有可能判处死刑的刑事案件（谋杀、非法毒品贸易、叛国、枪支和绑架）。

(b)上诉管辖权：裁定源自初级法院的上诉。

(c)监督管辖权：审查下级法院或履行准司法职能的人的决定。

④地方法院

(a)根据 1948 年《初级法院法》第 3 节设立。

(b)每一诉讼都由一名法官主持。

(c)决定超过 10 万林吉特但不超过 100 万林吉特的民事索赔，但与机动车辆事故、房东和租户以及遇险有关的事项不受上述限制，在这些事项上，地方法院拥有无限的管辖权。此外，地方法院可能配判处死刑以外的严重刑事罪行，如抢劫、强奸、贪污和商业罪行。

(d)审判严重的刑事罪行，如抢劫、强奸、贪污和商业罪行。除死刑外，它在依法判刑方面拥有无限的管辖权。

⑤裁判司署

(a)根据 1948 年《初级法院法》第 3 节设立。

(b)每项法律程序均由裁判官主持。

(c)裁定不超过 10 万林吉特的民事索赔。

(d)审判所有最高刑期不超过 10 年或仅处以罚款的罪行，可判处最高刑期不超过 5 年的监禁、最高罚款 1 万林吉特或最高 12 下鞭刑[①]。

(2)法官的任命及资格

①法官的任命

联邦法院、上诉法院、高等法院的首席法官和其他法官由最高元首根据总理的提名以及统治者商议的结果任命。除联邦法院院长以外的其他法官的任命还须事先与联邦法院院长进行商议。下级法院的主审法官应当经联邦大法官提名，由最高元首委任，这适用于联邦直辖区第一级区法院。在各州属，区法院法官则是由各州政府经大法官推荐后委任的。法官可任职至六十五岁，但出现行为不检、丧失工作能力等情况，可以解除其职务。由于马来西亚实行的是三权分立制度，司法独立于立法和行政，除了法官的任命由总理推荐，最

---

① https://cacj-ajp. org/web/malaysia/history-of-malaysia-s-development，last accessed on March 31，2021.

高元首委任以外,其他的退休、升迁、惩处都不受外界因素的影响。这在一定程度上维护着司法的独立性。

在前述的马来西亚元首改革之中,阿卜杜拉在经历改革试行、受到质疑、接受建议之后宣称他将利用余下的任期去使立法通过一个必需的机构:处理法官任命中的缺陷的司法任命委员会。后于2009年2月,根据《司法委任法案》设立司法任命委员会(Judicial Appointments Commission),新的司法任命委员会将用于筛选和提名候选人,以供总理进行提名。尽管可能会存在权力控制任命的情形,但是它提供了一种有益的防护机制,是使司法更加独立的补充手段。

②法官的资格

在马来西亚,法律服务的经验受到十足的重视,这也是判断是否能担任联邦法官一职的重要依据,故享有联邦法官资格应具备以下两个条件:a.马来西亚联邦公民;b.在可能被任命为法官之时的前十年,必须有作为律师参与到法院事务中,或有在联邦或州的司法与法律部门服务过的经历。

2.检察制度

(1)检察机构的设置及职能

①检察机构的设置

联邦检察机关组成人员包括一名总检察长、若干检察长、分驻全国各中心区和地方的负责人(设在各中心区的副主控官,设在地方的督察长)。地方检察机关的设立由各地的《刑事诉讼法典》规定,其组织、权力、工作程序基本上与联邦检察机关相似。为完成总检察长作为公诉人的职责,根据《刑事诉讼法典》的规定,任命若干副检察长。

②检察机构的职能

检察机关的主要职能有对刑事案件进行预先调查和侦查;有权决定是否羁押被告;监督审判的执行;除伊斯兰教劳动保护法院、土著法院、军事法院的诉讼,有权终止追究案件当事人的刑事责任;对部分案件予以起诉(并不是所有案件,警察和卫生部、移民部、交通部等法律执行机构也有权根据法律的规定行使诉讼权)。另外,与香港和新加坡比较相似的是,涉及国家工作人员的腐败案件,由隶属于元首的廉政公署侦查。

(2)检察官的任命条件及程序

①总检察长

a.须具备与法官相同的资格条件:马来西亚联邦公民;在可能被任命为法官之时的前十年,必须有作为律师参与到法院事务中,或有在联邦或州的司法与法律部门服务过的经历。

b.任命程序:最高元首根据总理的提议进行任命。其任期非绝对的终身制,而是由最高元首决定期限。免职理由与方式和法官相似。

②检察官

马来西亚的检察官实则是政府律师,通过相应的培训以及考试取得资格证,有权决定在哪级法院起诉犯罪嫌疑人,并可以提出量刑意见。马来西亚大约有150名检察官有专门的机构和办公地点。

3.律师制度

马来西亚的律师受1976年《法律职业法》规制,另外还有各方面的相关规则,包括1978年《律师赔偿基金规则》、1984年《马来西亚语资格考试(合格人员)收费规则》、1979年《法律专业(律师职业)规则》、1994年《法律专业(纪律委员会)(程序)规则》、1994年《法律专业(纪律程序)(上诉)规则》、1994年《法律专业(纪律程序)(调查审裁处及纪律委员会)规则》、1978年《法律专业(执业及礼仪)规则》、1992年《法律专业(专业法律责任)(保险)规则》、2016年《律师薪酬(执行)规则》等等。

(二)马来西亚司法能力建设

1.司法任命委员会

司法任命委员会的成立,是加强和提高司法廉洁性、改善司法体系的一个步骤,它还将满足人民看到国家司法系统更加透明和公正的愿望。委员会的职能是挑选担任高等法院法官的适当人选,供总理考虑;接受适格人员向高等法院提出的法官遴选申请;制定和实施高等法院法官选任机制;审查并向总理建议改善司法的方案;就司法机构提出其他建议;且做它认为适当的其他事情,使它能够有效地履行职责。委员会应拥有根据本法履行其职能所必需的、与履行其职能有关、合理的一切权力。

2.法学院

马来西亚在司法建设领域,将司法学院作为集中且专业的平台,通过开展各种与法律相关的课程①及研讨会②，提供法律知识、审判技能、案件法律问题交流的场所，对司法人员的专业素质进行培养、提高。

（三）马来西亚代表性司法举措

根据马来西亚法律的规定，民事法院有权在伊斯兰罪行案件执行时进行司法审查③，具体是对行政当局的决定进行司法审查，包括政府官员及其下属执行的执行工作、评估强制执行的有效性以及程序方面是否得到法律遵守。同样，法院也有权审查伊斯兰教法的执行行动。最近，经司法审查的有三个案件，即没收一本题为《真主、爱与自由》的书、穆斯林男子变装案件和真主万岁争端案件。在这些案件中，伊斯兰教法的强制执行行动被宣布违宪，因为它们违反了马来西亚宪法规定的言论自由原则。这种对伊斯兰教法、罪行执行的司法审查的立场和意义值得了解分析。此外，在司法审查中进行审查的法官虽受过民法知识方面的培训，但是否具备审查与伊斯兰教法有关的执法行动的必要专门知识是需要进一步考究的。最高法院法官 Jemuri Serjan 在解释什么是司法审查时指出："在我们看来，司法审查不是对一项决定的上诉，而是对作出决定的方式的复审，而且高等法院无权在司法审查申请中考虑根据事实真相作出的决定本身是否公平合理，这似乎应被视为陈腐的法律。"在我们的日常生活中，我们受到许多行政决定和执行权力的侵犯，这就需要寻求一定的救济途径。司法审查被广泛认为是纠正这些侵权行为的适当机制。

"没收一本题为《真主、爱与自由》的书"这一案件是民事法院对马来西亚的伊斯兰教法刑事犯罪案件进行的司法审查的实践。2012 年 5 月 23 日，联

---

① 例如，（1）2019 年 4 月 5 日在 Putrajaya 司法宫会议厅举行了包含着问答环节的"如何阅读法例"课程，目标是提高高等法院法官的法规阅读技能。此课程由上诉法院法官达图·比·宾蒂·阿里芬先生主讲。（2）2019 年 3 月 21 日在 Putrajaya 司法宫会议厅举行的"上诉判决书撰写"课程，课程的目的是提高马来西亚高等法院法官撰写上诉判决书的技巧。

② 例如，举办了一次有 16 名上诉法庭法官参加的"刑事上诉判决"的会议，为各级法官提供经验交流平台。马来西亚首席大法官丹·斯里·达图·斯里·邦利马 Tan Sri Datuk Seri Panglima Richard Malanjum、马来亚高等法院首席法官戈登·布朗戈登·布朗 Tan Sri Zaharah binti Ibrahim 和沙巴及沙捞越高等法院首席法官戈登·布朗 Datuk Seri Panglima David Wong Dak Wah 亦有出席。

③ Administration of Syariah Courts in Malaysia（1957-2009），*Journal of Islamic Law and Culture*，2011，Vol.13.

邦领土伊斯兰宗教部的执法官员没收了几本名为《真主,自由和爱》的书。这本书因其含有多元主义、自由主义和对伊斯兰教义的不同解释而被认为与伊斯兰教义背道而驰。5月29日,内政部宣布,马来西亚禁止流通这本书的英语和马来语版本。随后,在2012年6月18日,书店提交了一份请求高等法院进行司法审查的申请,请求宣布官员的没收行为是无效和违宪的。与此同时,书店经理也受到指控,一旦定罪,她将被处以3000林吉特的罚款或最高两年的监禁,或两者兼而有之。2012年6月25日民事法院发布限制进一步对书店及经理采取强制措施的限制令。宗教官员对此表示反对,坚持认为高等法院发布的限制令是对伊斯兰法院命令的干涉。2013年3月22日,高等法院作出了另一个类似的裁决,批准了一项调取卷宗的申请,以撤销官员们没收这本书的行为。伊斯兰部对这一决定感到不满,向上诉法院提出上诉。然而,上诉法院维持了高等法院的裁决,并进一步宣布,只有在内政部按照1984年《印刷、新闻和出版法》的规定正式宣布该书为不良出版物时,才能扣押该书。并且,上诉法院进一步确认,高等法院有权根据《宪法》第121条审理案件,并有权解释1984年《印刷、新闻和出版法》对1997年《伊斯兰刑事犯罪法》的适用。

(四)马来西亚司法评价

在一些举措上可以看出马来西亚有追求提高司法独立性、提高司法效率和质量的目标,例如建立司法任命委员会、设立司法学院等,从完善选任机制,提高司法人员自身素养等方面加强司法能力建设。

马来西亚的司法体系仍存在不少英国法的影子,在其多元文化、经济背景下发展变化着,具有独特的联邦、州属、最高元首、宗教元素。首先,从三权分立制度中可以看出,马来西亚有维护司法独立的意愿和实践,但在实际中,司法依然受到君主立宪体制的影响和束缚,行政干预司法的情形屡见不鲜[①]。在司法惩罚领域中还存在较为传统落后的鞭刑,这似乎与当今法治社会保护人权的理念有所违背。其次,前述提到的司法审查有所不足,民事法院与伊斯兰法院权责交叉,法院不能获得足够的独立性。不过,马来西亚司法制度虽有缺陷之处,但也有值得学习的方面,例如,马来西亚民事案件积压处于一个较平稳的状态,其细分的小额诉讼法院、特殊管辖法院的设立以及赋予法官一定的自由裁量权体系值得中国在完善简易程序、小额诉讼程序、设立特别法庭时借鉴。

---

① [澳]吴明安:《马来西亚司法制度》,张卫译,法律出版社2011年版,第161页。

五、马来西亚的国际法治建设评估分析

（一）马来西亚参与的国际组织

马来西亚加入的世界性国际组织有联合国（UN）、国际电信联盟（ITU）、国际海事组织（IMO）、国际货币基金组织（IMF）、国际劳工组织（ILO）、国际民用航空组织（ICAO）、国际农业发展基金（IFAD）、联合国工业发展组织（UNIDO）、联合国教科文组织（UNESCO）、联合国粮食及农业组织（FAO）、世界旅游组织（UNWTO）、世界气象组织（WMO）、世界卫生组织（WHO）、世界银行（World Bank）、世界知识产权组织（WIPO）、万国邮政联盟（UPU）、世界贸易组织（WTO）、国际清算银行（BIS）、世界海关组织（WCO）、国际标准化组织（ISO）、十五国集团（Group 15）、七十七国集团（G77）、南方中心（South Centre）、环印度洋地区合作联盟（IOR-ARC）、全面与进步跨太平洋伙伴关系协定（CPTPP）。

1.马来西亚与联合国

马来西亚作为联合国负责任的成员，已经并将继续在促进维持和平特派团建设、和平或冲突后建设方面发挥积极作用，利用其在安全和发展方案中的经验，进一步完善 DDR（解除武装、复员、重返社会）的概念。马来西亚在第三次入选联合国安理会非常任理事国时，获得了良好的支持，192 票中有 174 票获得通过。这是国际社会对其促进和平与稳定的共同努力的又一次认可。

2.马来西亚与世界贸易组织

马来西亚的贸易政策旨在创造一个自由和公平的贸易环境，其愿景是到2020 年使该国成为最具竞争力的贸易国之一。以规则为基础的世界贸易组织作为马来西亚管理及审查总体贸易和制订投资政策的重要场所，通过贸易自由化为马来西亚贸易发展创造了机会。此外，为了补充多边进程，马来西亚继续谈判签订双边、区域和多边贸易协定，以此作为获得优惠和有效市场准入的手段，推动多边贸易体系的发展。马来西亚与经贸相关的重要法规包括《反补贴与反倾销税法》（Countervailing and Anti-dumping Duties Act）、《进口关税（确认）法》[Import Duties（Validation）Act]、《海关（倾销和补贴）法》[Customs（Dumping and Subsidies）Act]、《海关法》（Customs Act）、《投资促进法》（Promotion of Investments Act）、《竞争法》（Competition Act）、《保障措施法》（Safeguards Act）。

3.马来西亚与世界知识产权组织

随着国内外经济的发展,马来西亚为顺应经济全球化与区域经济一体化发展的趋势,积极健全知识产权制度体系,使自身更好地融入世界多边贸易发展的潮流之中,吸引更多外来投资。马来西亚不断改善知识产权环境,加强国际合作,加入世界知识产权组织,并在该组织中促进例如《世界知识产权组织版权条约》等相关条约的施行,进一步提高国内、国际知识产权保护水平。

马来西亚加入的区域性国际组织是东南亚国家联盟(Association of Southeast Asian Nations,ASEAN)。成立于1967年的东盟是东亚地区最早着手一体化进程的次区域组织,有泰国、菲律宾、新加坡等10个成员国。随着经济合作的不断深化,2015年以政治安全共同体、经济共同体和社会文化共同体三大支柱为基础的共同体正式成立。为实现经济共同体这一目标,东盟成员国多年来大幅降低区域内关税水平、逐步缩减非关税壁垒、协调技术规范和标准、简化海关手续,极大促进了商品、服务、投资、劳动力和资金自由流动,贸易便利程度显著提升。马来西亚在东盟发展中起着举足轻重的作用,在借助这一平台提高政治经济水平的同时,还协助东盟其他成员的建设。

(二)马来西亚谈判和签署的国际条约

1.世界性国际公约

马来西亚在国际舞台上有着活跃的身影,积极谈判、加入各种国际公约。例如《巴黎公约》《专利合作条约》《建立世界知识产权组织公约》《TRIPS协议》等与专利有关的国际公约;《联合国儿童权利公约》《消除对妇女一切形式歧视公约》等与人权有关的国际公约;《联合国国际货物买卖合同公约》《国际海上交通便利公约》等与贸易运输有关的国际公约。

2.区域性国际条约

与其东南亚的邻国相比,马来西亚相对较晚地进入自由贸易区(FTA)。2005年,马来西亚与日本签署了首份自由贸易协定,还分别与新西兰(2009年)、智利(2010年)、印度(2011年)、澳大利亚(2012年)签订了自由贸易协定。此外,马来西亚继续推进与欧盟之间的自由贸易协定谈判。

马来西亚作为东盟的主要国家之一,与其他东盟国家签订了各式的协定,旨在加强东盟区域性互惠合作,增强经济实力,提升国际地位。包括《东盟禁止贩运人口特别是妇女和儿童公约》《东盟免签证框架协定》《刑事事项法律互助条约》《修正关于设立东盟秘书处的协定的议定书》《关于建立和实施东盟单一窗口的协定》《关于东盟协调电气和电子设备监管制度的协定》《关于扩大东盟科学基金的协定》《关于建立东盟旅游信息中心的协定》《东盟保护自然和自然资源协定》等 80 项协定。

3.马来西亚与中国签订的条约

中国与马来西亚贸易合作具有非常深厚的历史渊源和现实的基础。马来西亚是东南亚地区最早、最积极响应"一带一路"倡议的国家。2016 年 10 月底至 11 月初,马来西亚总理纳吉布应邀访华,在两国发布的《联合新闻声明》中表示马来西亚高度重视其作为"一带一路"沿线重要国家的地位。中国和马来西亚共同积极推进马中钦州产业园、中马关丹产业园、马六甲皇京港临海工业园、东海岸铁路、南部铁路、普腾汽车、阿里巴巴数字自贸区等合作项目的开展。

(1)议定书

两国之间签订了 3 个议定书,具体如下:《中华人民共和国政府和马来西亚政府签订避免双重征税协定议定书》《中马税收协定和议定书》《中华人民共和国政府和马来西亚政府关于对所得避免双重征税和防止偷漏税的协定议定书》。

(2)协定

两国之间签订了 4 个协定,具体如下:《中华人民共和国政府和马来西亚政府关于扩大和深化经济贸易合作的协定》《中华人民共和国政府和马来西亚政府民用航空运输协定》《中华人民共和国政府和马来西亚政府关于相互鼓励和保护投资协定》《中华人民共和国政府和马来西亚政府关于对所得避免双重征税和防止偷漏税的协定》。

(3)谅解备忘录

两国之间存在 3 个谅解备忘录,具体如下:《中华人民共和国政府与马来西亚政府关于在世界贸易组织技术性贸易壁垒协定领域合作谅解备忘录》《中华人民共和国政府与马来西亚政府旅游合作谅解备忘录》《中华人民共和国国家计划委员会与马来西亚初级产品工业部谅解备忘录》。

(4)声明

在马来西亚总理马哈蒂尔于 2018 年 8 月 17 日至 21 日对中国进行访问期间,两国达成《中华人民共和国政府和马来西亚政府联合声明》,主要是为了巩固两国友好关系,将从战略大局和长远出发,在相互尊重、平等互利基础上,进一步增进政治互信,深化务实合作,继续进行"一带一路"合作,加强基础设施、产能、农渔业等领域合作,积极拓展电子商务、互联网经济以及科技、创新等领域合作。

(5)条约

在相互尊重主权和平等互利的基础上,为促进两国在刑事司法协助领域的有效合作,签订了《中华人民共和国政府和马来西亚政府关于刑事司法协助的条约》。

(三)国际条约在马来西亚的实施

马来西亚法院最近对地方法律的解释采取了较为宽松的做法,特别是在发现这些法律妨碍公民的宪法权利时。在至少两起案件中,法院维护了言论自由,并以一种新颖的方式解释了《宪法》,将宪法保障与《世界人权宣言》等国际公约联系起来,从而纠正了性别歧视。在 Muhammad Hilman Idham & Ors 诉 Kerajaan Malaysia & Ors 一案中,高等法院作出了这一大胆举动,明确指出:"言论自由是个人享有的最基本权利之一,它对于民主的存在和对人类尊严的尊重至关重要。这一基本权利在许多人权文件中得到承认,例如《世界人权宣言》第19条和《公民权利和政治权利国际公约》第19条。"在 Noorfadilla Ahmad Saikin 诉 Chayed Basirun & Ors 一案中,高等法院在解释《宪法》关于是否存在性别歧视(雇主拒绝雇用怀孕工人)的第8条第2款时,适用了《消除对妇女一切形式歧视公约》第1条和第11条。法院毫不含糊地指出在解释《宪法》第8(2)条时,法院有责任考虑到政府在国际的承诺和义务,特别是根据马来西亚加入《消除对妇女一切形式歧视公约》等国际公约所须承担的义务。在本案中,高等法院认为,雇主因原告怀孕而拒绝雇用她构成了《消除对妇女一切形式歧视公约》所述的性别歧视,因此构成了对《宪法》第8(2)条的违反。

不难看出,国际条约是马来西亚解释法律、进行审判的重要依据,类似于中国司法实践中国际条约优先于国内法的原则,但不同的是,马来西亚宪法、民法等法律中不像中国在部分法律中有明文规定其缔结或参加的国际条约与国内现行法律有不同规定的时候,应适用国际条约。

(四)马来西亚国际法治建设评价

总体来看,马来西亚对于维护国际法治秩序、遵守国际原则、规则是比较正面而积极的态度,借助交流互通的平台正在建立更多的法治合作,建设学校、学科培养国际化法治人才。但作为第三世界国家之一的马来西亚有时在整个国际法治体系中显得心有余而力不足,比如马来西亚在南极条约体系关于争端解决机制中发出不同的声音,但逐渐显现出弱势,其根源在于国家实力不足以支撑其反对意见。在国内,马来西亚重视国际条约的规则约束作用,将条约义务运用在法治实践中,但这具有极大的自由裁量空间,难免会出现条约义务得不到遵守的情形,或是出现与国内法相冲突,法官解释、裁判困难的情形。如何界定国内法和国际法的关系,是否将国际条约的遵守规定至宪法或其他法律之中,是值得马来西亚进一步考虑并落实的。

六、完善马来西亚法治体系的相关建议

(一)完善法官制度

如前所述,马来西亚的司法体系仍存在不完善之处,本文拟从法官任选制度、普通法院与宗教法院运行体系两大方面初步提出完善马来西亚司法制度的建议。

首先,以提名制和元首任命制为中心的马来西亚法官选任制度难以避免具有一定的政治色彩,最高元首、具有提名权力的主体、能参与商议的主体拥有较大的自由裁量权,这将使法官的专业性、独立性具有较大的不确定性。建议在中央和地方各级建立专门且独立的司法监督机构,赋予其以下但不限于此的权力:(1)参与选任法官的各个程序,监督提名、商议、委任过程;(2)对任职法官的专业性、独立性、廉洁性予以评估,并提出相应的建议;(3)有权监督任职法官的各项工作,对违反法律法规、职责规定的法官进行追责。

其次,马来西亚法官无任期限制,司法体系的运行在一定程度上依赖法官的个人素质。建议建立更加完备的法官制度,更加详细地列举出法官的任职条件和行为准则,设置明晰的、具有可操作性的监督程序和追责程序,明确监督机构的权限范围和监督、追责情形,提高法官的专业性、独立性。

(二)完善法院体系

如前所述,马来西亚司法制度带有浓厚的宗教色彩,从而形成普通法院与伊斯兰法院并存的司法双轨体系[①],但存在一定的问题。建议建立更加清晰的法院制度体系,厘清普通法院和伊斯兰法院的权责内容以及二者之间的关系。修订 1964 年《司法法院法》和 2012 年《法院规则》等相关法律法规,适当

---

① 林伟翔:《马来西亚民事诉讼程序初探——兼论马来西亚的审级制度》,载《民事程序法研究》(第 15 辑),厦门大学出版社 2006 年版,第 200 页。

限制民事法院针对伊斯兰教法事项的司法审查权，或者赋予伊斯兰法院专属管辖权，对伊斯兰教法事项进行司法审查，来解决普通法院与伊斯兰法院权责交叉、职能不清、审判冲突等问题。

（三）完善国际条约与国内法的衔接

基于国际条约是马来西亚解释法律、进行审判的重要依据的实践情形，马来西亚应当厘清国际条约与国内法之间的关系，可以通过在宪法或各部门法中明文规定等方式来规定国际条约的使用情形以及其与国内法产生冲突的优先适用原则及例外情形，并建立国际条约与国内法的衔接制度，明确国际条约的地位、减少国际条约与国内法的冲突、促进国际条约国内转化的可行性及有效性。建立专门机构来评估、监督国际条约的价值和落实情况，推动马来西亚参与国际条约谈判的进程，促进条约的执行。建立专门的信息管理系统，形成国际条约相关内容的信息库，为落实条约提供信息支撑，提高马来西亚参与国际法治建设的信用度和积极性。

七、结语

马来西亚的法律体系继受英国法，因而整个法律体系都浸透着英国法的痕迹，这与马来西亚独特的多元文化背景和商业活动相结合，逐渐发展出了一套独特的集联邦、州属、最高元首、宗教、熟人纠纷等元素融合的法律纠纷解决体系。

"一带一路"是中国统筹国内经济发展与深化对外开放的重要战略性举措，东南亚地区也是中国周边外交的重点和"一带一路"涵盖的重要区域之一，而马来西亚更是21世纪海上丝绸之路的必经之地与节点国家，也是对"一带一路"合作项目的突出支持者和合作者。马来西亚政商两界整体对"一带一路"持支持态度，肯定"一带一路"合作项目为马来西亚带来的巨大商机和利益，是国家发展战略中的重要一环。为此，应着重从法官任选制度及其工作职责、法院体系、国际法与国内法的衔接三方面入手，完善马来西亚法律体系，为实现中国与马来西亚、"一带一路"沿线国家、全球法治建设互联互通提供制度保障。

专题四

会议综述

第三届中国—东盟法学院院长论坛综述

徐忆斌 *

2021年12月18日,第三届中国—东盟法学院院长论坛在重庆市人民政府外事办大楼多功能厅隆重举办。论坛由西南政法大学与重庆对外文化交流协会主办,中国—东盟法律研究中心与西南政法大学国际法学院共同承办,教育部中外人文交流中心、重庆市人民政府外事办公室、重庆市教育委员会等单位予以支持。本次论坛分为开幕式、分论坛及闭幕式,因疫情原因,论坛以线上线下相结合的方式进行。

教育部中外人文交流中心主任杜柯伟,中国法学学术交流中心副主任王伟,西南政法大学党委副书记吴钰鸿,重庆市人民政府外事办公室二级巡视员马勇,西南政法大学党委常委、副校长唐力,重庆市对外文化交流协会执行秘书长赵宜胜,重庆国际传播中心主任赵吾君,西南政法大学国际法学院院长、中国—东盟法律研究中秘书长张晓君,西南政法大学国际教育学院院长、国际交流与合作处处长王怀勇,柬埔寨教育、青年和体育部国务秘书育沃以,文莱仲裁协会会长王科林,老挝司法部国家政法学院副院长万飞,印度尼西亚塔鲁玛珈大学副校长加托·苏马托诺,越南胡志明国家大学副校长黎武南,缅甸仰光大学副校长钦琪琪以及来自中国国内和东盟国家共三十余所高校的法学院领导及专家学者共同参与了本次论坛。

为认真落实习近平总书记在中国—东盟建立对话关系30周年纪念峰会上的讲话精神,着力深化中国—东盟全面战略伙伴关系,论坛"区域经济一体化与法治文明互鉴"为主题,通过凝心聚力,开拓创新,会议得了丰硕的成果。

---

* 徐忆斌,法学博士,西南政法大学国际法学院副教授、硕士生导师,中国—东盟法律研究中心副秘书长。

一、本次论坛获得了教育部中外人文交流中心、中国法学学术交流中心和重庆市人民政府外事办的高度肯定和相关兄弟院校积极支持

　　教育部中外人文交流中心主任杜柯伟在致辞中指出,人文交流是中国—东盟全面战略伙伴关系和中国—东盟命运共同体构建的重要议题,而法学教育又是中国—东盟人文交流合作的重要领域。他表示,西南政法大学先后与东盟各国开展合作办学,并多次成功举办中国—东盟法学院院长论坛,这为中国与东盟各国在法学教育领域的进一步交流合作打下了基础。他强调,中国—东盟法学院院长论坛是中国东盟法学界重要的年度研讨交流活动,此前已成功举办两届,本届论坛将进一步促进双方交流合作和人文交流发挥更大的作用,期待各方能够以人文交流理念为引领,加强交流互鉴,发挥人文交流育人功能,培养具有较高法律水准、通晓国际法律规则、具备良好人文素养的人文交流使者,为服务各国经济社会发展、"一带一路"建设和促进双方民心相通作出贡献。

　　中国法学学术交流中心副主任王伟的致辞中指出,在中国—东盟关系迈入新阶段之际,法治是中国与东盟伙伴关系的重要保障,加强法律交流合作是中国与东盟各国法学法律界的共同愿望。因此他建议,中国与东盟法学法律界在携手抗击疫情、深化务实合作、推进绿色发展、加强民心相通等四个方面加强交流与合作。他强调,中国—东盟法学院院长论坛将为进一步促进中国—东盟法学教育合作和人文交流,深化中国—东盟法治理论研究,促进地区经济一体化发挥积极作用。中国法学学术交流中心愿继续与西南政法大学和中国东盟法律研究中心一起办好中国东盟法律培训基地研修班项目,为中国东盟培养更多法律使者。他希望,东盟各国法学院校一如既往地支持中国东盟法治务实合作,推荐更多的师生参与研修,为深化中国东盟法治文明交流互建注入新的动力。

　　重庆市人民政府外事办公室二级巡视员马勇的致辞中指出,重庆在与东盟国家的交往中独居优势,东盟是重庆的第一大贸易伙伴,重庆东盟国际物流园是重庆东盟国际物流大通道。在推动区域合作中,法治的作用不可忽视,中国—东盟法学院院长论坛是中国东盟高校人文交流与法治合作的重要平台,也为中国与东盟国家解决现实法律问题提供了重要平台。他表示,重庆市外事办将全力支持西南政法大学开展各类国际交流交往活动,依托该校在法律

教育和法治研究等多方面优势,形成重庆与东盟国家交流合作的一张"靓丽名片"。同时也将大力支持论坛的可持续发展,通过多方的携手努力,积极争取将此活动纳入中西部国际交往中心的定期交往机制,并将此论坛逐步打造为重庆市的品牌国际会议活动。

柬埔寨教育、青年和体育部国务秘书育沃以在致辞中指出,中国—东盟法学院院长论坛的打造和举办,在中国—东盟地区法治建设和发展中具有里程碑式意义,是推进中国—东盟在法治建设领域合作的标志性项目,对于促进法治文明的交流具有重大和深远的影响,必将有助于服务"中国—东盟全面战略伙伴关系"法治建设,助推共建更为紧密的"中国—东盟命运共同体"。他表示,柬埔寨高度重视与中国加强交流合作,希望能够学习中国在法治发展中的成功经验,也期待与更多中国的优质大学建立合作和交流。柬埔寨教育、青年和体育部愿就相关领域继续加强与中国,包括中国—东盟法律研究中心和中国—东盟法学院院长论坛等国际合作和交流平台合作,为中国与柬埔寨两国关系注入持续而稳定的动力。

西南政法大学党委副书记吴钰鸿在致辞中指出,西南政法大学作为教育部和重庆市政府共建高校,重庆市一流学科建设高校,在服务国家总体外交和重庆地方经济社会发展,助力打造中西部国际交往中心优势独特。在国际环境发生深刻复杂变化的背景下,西南政法大学将继续举全校之力、汇聚全员智慧,与东盟各国高校一道共同办好有关论坛活动,积极支持升级"中国—东盟法治研究与人才培养共同体",推动"中国—东盟法学院院长论坛"升格为"中国—东盟法治论坛",共同探索开展系列活动,进一步优化促进中国与东盟各国的法治文明交流与法治人才教育培养,助推中国—东盟区域经济社会法治化发展和共建"中国—东盟命运共同体"倡议。

二、在国际交流与合作,特别是中国与东盟国家在法学教育与人文交流方面加深了了解、拓展了合作空间

首先,论坛开幕式上举行了"一带一路"沿线国家法律数据库(东盟区域)及法律查明服务中心试运行启动仪式。该域外法律查明服务平台由中国—东盟法律研究中心秘书长张晓君负责的专项团队,依托重庆市国际化人文特色高校项目支持,在西南政法大学统筹指导下,携手中国知网,协同东盟国家法律法学界专家共同开发建设。第一期主要整合了新加坡、菲律宾、文莱、印度尼西亚、马来西亚、越南、老挝、缅甸、泰国、柬埔寨和东盟组织的法律法规、司

法判例、国际条约、法制信息等近 60 万篇,是目前全球唯一的集东盟国家法律数据库及查明服务系统为一体的智能化法律服务平台。平台的打造描绘了"一带一路"法治地图,有助于满足国内外对"一带一路"沿线法律法规查询的服务需要,为国内企业"走出去"提供优质、高效、便捷的涉外法律服务,为法官提供专业化、智能化辅助,有利于确保法律适用正确、裁判尺度统一,有力提升中国涉外法律服务水平。试运行启动后,用户即可通过下载"域外法律查明服务平台"App 或搜索"域外法律查明服务"微信公众号等方式公开体验。

其次,论坛期间还举行了《老挝外商投资法律实务指南》首发仪式。该书由西南政法大学国际法学院院长、中国—东盟法律研究中心主任张晓君与老挝司法部国家政法学院副院长万飞共同主编,老挝司法部副部长杰士纳作序,普米等九位中老专家学者共同编写,中国法律出版社出版,是首部中老法律法学界合作出版有关老挝外商投资法律政策的编著,具有开创性意义。该书的出版是深化中老两国法学领域务实合作的成功举措之一,为推动老中命运共同体建设走深走实贡献重要力量,有助于增强中国企业赴老挝投资的法律风险防范,指导企业更好地在老投资,也有利于当地法治营商环境的改善

再次,论坛闭幕式上还举行了柬埔寨王国外交与国际合作部外交与国际关系研究院和中华人民共和国中国—东盟法律研究中心谅解备忘录签约仪式。中国—东盟法律研究中心秘书长张晓君和柬埔寨王国外交与国际合作部外交与国际关系研究院院长田温楠(Tean Samnang)共同签署双方谅解备忘录。该备忘录的前述,有助于进一步加强双方将在法律交流与研究、人才培养和学术研究活动、共同推动并建立"中国—柬埔寨国际关系与国际法研究中心"等方面开展交流和合作。

三、紧密围绕区域一体化新规则、法学教育传播和法律人才培养合作问题开展深入探讨,会议达成了合作的共识

开幕式主旨发言中,世界贸易组织多方临时上诉仲裁员、清华大学法学院杨国华教授、文莱仲裁协会会长王科林教授、越南国家大学胡志明经济法律大学副校长黎武南教授、印度尼西亚塔努玛伽大学副校长加托苏马托诺教授分别进行了发言。

杨国华教授以中国的开放之路为主题,主要分析 RCEP、CAI、CPTPP 三个经贸协定以及美欧日联合声明(TRI)。杨教授提出,RCEP 将对缔约国政

策和经济产生明显的影响,但相较于 WTO 规则创新不多;《中欧投资协定》(CAI)具有进步性、概括性以及约束性的特征;CPTPP 是具有"先进性"和"代表性"的"小多边协定";美欧日联合声明(TRI)表明了美欧日三方解决"非市场导向的政策和做法"问题的决心。他也认为,未来西南政法大学以及国内高校与东盟各国高校就国际规则进行联合研究,将有助于区域内规则的发展以及各国参与国际规则的制定。王科林教授的发言中提出了建立类似于国际商事仲裁委员会(International Council for Commercial Arbitration,简称 ICCA)的仲裁组织——亚洲商事仲裁委员会(简称 ACCA)的设想,并将此作为 ICCA 在亚洲地区国际仲裁的补充,且在此基础上进一步推动亚洲内部统一仲裁规则的形成。他建议 ACCA 的组成应当包括 70%的从业人员与 30%的学术专家,确保 ACCA 能够解决法律与程序问题,同时 ACCA 也应当与其他机构开展合作,共同编撰权威性出版物。黎武南副校长在发言中回顾了西南政法大学与胡志明经济法律大学在 2015 年签署的正式备忘录,其认为在 RCEP 即将生效的情况下,两所大学有必要进一步开展学术交流和研究,以更好地促进彼此的发展。加托苏马托诺副校长在发言中指出,随着地区一体化程度的加深,外国投资增长带来了争端解决难题。由于外国投资者来源广泛,在选择适用规则上存在障碍,投资的增长又进一步复杂化了该问题。因此,在未来投资领域的法律问题研究当中投资争端解决机制应当是研究重点之一。

分论坛主要围绕 RCEP 在成员国国内适用与国内法的衔接、法学教育的国际传播、国际法律人才培养合作机制三个专题展开。

第一个专题"RCEP 在成员国国内适用与国内法的衔接"的讨论,由中国政法大学国际法学院院长孔庆江教授担任主持人。在发言中,越南胡志明经济法律大学国际法与比较法研究所所长陶家福教授探讨了 RCEP 的签订对越南带来的机遇与挑战。他认为,RCEP 为越南带来的机遇主要包括:使越南成为世界上最活跃的自由贸易参与者之一;使越南成为国际投资者可靠的目的地;为越南企业参与地区生产和价值链开辟创造更多的机会;为越南服务业带来更好的营商环境。但同时 RCEP 也将为越南带来三方面的挑战,包括为越南商品和服务带来竞争压力;要求更高水平的承诺;以及越南农业产业也将面临 RCEP 成员国之间的竞争压力。孔庆江教授以"RCEP 联合委员会与 RCEP 的实施"为题,他通过与 WTO 总理事会的对比研究发现,RCEP 联合委员会被赋予了更大的权利,其中包括了"考虑与本协定的实施和执行相关的任何事项""考虑修改本协定的任何提案"以及"解释 RCEP 的权利"等,由此他提出这将产生 RCEP 实施是由联合委员会推动还是由缔约国驱动的问题。

但他也认为,RCEP 的制度设计本身不可能十分明确,最终取决于 RCEP 的实践,即缔约方的意愿。柬埔寨皇家经济法律大学研究生院主任哈普·菩提教授介绍了柬埔寨法律与 RCEP 的衔接问题。其以柬埔寨投资法为例,介绍了柬埔寨法律的概况以及柬埔寨投资法的内容,并表示十分期待接收到来自中国的申请。泰国清迈大学校长助理彭猜·维素提萨副教授的发言以"RCEP 和国际法律教育交流"为题。他首先介绍了 RCEP 与"一带一路"倡议对东盟各国及"一带一路"沿线国家的影响。其次他提出 RCEP、"一带一路"和其他的政策能够很好促进 RCEP 国家间法律的交流以及法律教育的发展,并且法学教育和法学学术的交流,将助力跨越贸易与投资带来的法律障碍。

西南政法大学国际法学院陈咏梅教授的发言以"RCEP 中贸易便利化规则及其在中国的应用"为题,主要介绍了 RCEP 贸易便利化规则的内容、RCEP 贸易便利化规则在中国的应用以及促进服务便利化和投资便利化的各项举措。她建议,RCEP 各成员国加入 WTO 框架下的《投资便利化联合倡议》与《服务国内规制联合倡议》以促进投资与服务贸易的便利化。西南政法大学国际法学院教师、中国—东盟法律研究中心研究员孟于群博士的发言以"RCEP 金融服务规则与中国金融开放新格局"为题,主要介绍了 RCEP 金融服务规则形成的背景、文本内容与特征,最后提出中国对标 RCEP 金融服务规则以构建中国金融开放新格局的做法,包括提供针对性的新金融服务;吸收区域内其他成员国符合条件的金融机构加入中国国内的金融自律组织;编制全国统一性的金融服务贸易统计数据库;进一步提高金融监管透明度;进一步加强金融服务规则文本研究,做好加入 CPTPP 的金融开放准备工作,发挥 CPTPP 与 RCEP 的协同作用。西南政法大学国际法博士生邹竞颖的发言主题是"RCEP 数字贸易规则在中国的适用",主要介绍了 RCEP 数字化规则的内容、RCEP 数字贸易规则比较分析、RCEP 数字贸易规则对中国的影响,并从国际、国内两个层面提出了中国政府与企业应对 RCEP 数字贸易规则的方式,包括在国际层面,中国政府应当积极支持东盟在 RCEP 中的作用发挥、继续推动协定生效与适时升级、加强与东盟成员国的数字贸易合作;在国内层面,中国应尽快完善相关法律法规以适应 RCEP 数字贸易规则的实施以及加强监管。中国企业则可以采取设立专人负责的数据保护官、加强知识产权保护和维权意识以及加快企业数字化转型三项措施应对 RCEP 数字贸易规则。西南政法大学国际法博士生曹云松以"RCEP 的投资争端解决路径与展望"为题,主要介绍了 RCEP 投资争端解决机制的缺失,以及在争端解决机制缺失下,RCEP 设置的投资争端预防与外商投诉机制和中国现有的投资争端解决机制。他认为,RCEP 作为全世界最大的自由贸易协定,投资争端解决的缺失实则是为了更好地适应国际投资法律体系的发展变化。重庆市委外办秘书处处长、西南政法大学国际法博士生冯仁勇以"'一带一路'视域下深化中国与东盟国家经贸交往的路径和政策研究"为发言主题,他介绍了"一带一路"这一倡议的实施情况,分析了"一带一路"倡议提出的国际国内背景,提出我国在与东盟国家合作时应当坚持对标国际化、特色化,坚持创新驱动,体现联通性、增强辐射性,以及具体操作层面如高端制造、智能制造、建材加工等方面的相关见解。

第一专题发言结束后,由对外经济贸易大学法学院副院长边永民教授进行总结点评。边永民教授认同三位外国嘉宾所提起的 RCEP 对各国法律、经济等领域的推动作用,并提出区域内各国法律的差异为各国法学学者合作提供了丰富的资源。边教授肯定了孔庆江教授对 RCEP 联合委员会角色的分析,并认为 RCEP 联合委员会反映了亚洲国家传统决策风格——强调协商一致,指出如果能够利用好 RCEP 联合委员会将会推动 RCEP 与时俱进。对于陈咏梅教授的发言,边教授认为其介绍的贸易便利化措施具有全面性与先进性的特点,但也点明了部分国家在跟进相关措施上存在的困难。针对孟于群老师的发言,边教授提出金融服务是非常重要的增长点,也认同了她的分析。对邹竞颖博士的发言,边教授则提到数字贸易是 21 世纪的新兴事物,如果能够利用好,将带来积极的影响,因此 RCEP 各个成员应当注重在该方面的合作。针对曹云松博士的发言,边教授提出 RCEP 的投资争端解决机制仍存在努力的空间,同时各国帮助投资者解决投资争端的规则也非常重要。最后,边教授对于冯仁勇处长提到的"一带一路"倡议与 RCEP 衔接和互动问题的重要性表示了赞同,并且指出具体规则将是之后研究的重点。

第二个专题"法学教育的国际传播"的发言,由重庆市法学会副会长、重庆大学法学院院长黄锡生教授主持。

老挝司法部国家政法学院刑法系副主任、西南政法大学国际法学博士生森非的发言详细地从老挝的法律体系、法治方面——法律面前支持公民平等进行介绍。他认为,法治对于世界政治,气候变化,人员流动,技术规范,维护治理,保护经济社会以及环境的发展十分重要。他指出,法治是明确的、公开的,是实现多赢与各国互通有无的基石,通过不同法系对比,有助于了解公民权益的保护。他也分享了老挝为建立更多的国际社区与命运共同体,推动法律透明性,推动经济发展,在东盟地区进行的构图和连接。马来西亚马来亚大学法学院院长约翰教授介绍了他们参与合作的内容,他希望马来西亚大学与

西南政法大学加强合作，加强联系。西南大学法学院副院长房香荣副教授的
发言分享了西南大学法学院法学教育国际化的经验、遇到的问题，包括其课程
设置上需要两年的公共外语学习，在专业课的设计上需要双师同堂教育战略
模式等。她提出，学校营造学生通过短期或长期的项目获得一些资源这样的
氛围，有助于促进学生对外交流学习的积极性，以及追求更高层次、更高效率
的国际化的绩效。西南政法大学国际法学院岳树梅教授的发言，从四个方面
分析了国际合作背景下的涉外人才培养，包括：加快推进高质量涉外法治人才
培养是国际合作的要求；国际合作背景下涉外法治人才紧缺的表现与原因分
析；涉外法律人才培养面临的困境；国际合作背景下培养法律人才路径探究。
厦门大学法学院副院长朱晓勤教授分享了厦门大学国际法学人才培养经验及
培养模式、培养运行过程和培养成效分享。她从厦门大法学院人才培养历史、
课程设置进行介绍，指出现在厦门大学法学院，已经建立了非常丰富的国际合
作项目，与超过30多个国际法学院进行合作，其中包括欧洲的13多所院校，
以及在美国的6所。中南财经政法大学法学院副院长李俊副教授结合中南财
经政法大学法学院国际化建设的实际情况，对对中意国际法治人才培养的实
践与探索经验进行了分享。他提出，高校作为人才培养的主要阵地，应该将立
德树人作为教育的根本任务，提高人才培养的质量和人才培养，兼具系统性、
全局性，也应当呼吁全球的经贸发展，社会法治人才的培养是当前中国高校法
治人才培养的重要一环。西南政法大学经济法学院黄茂钦教授以"融通—协
同"式中外合作办学模式创新法治人才培养机制为题，通过四个部分对西南政
法大学经济法学院的外合作办学模式进行了经验分享和介绍，指出以"融通—
协同"模式创新法治人才培养机制的基本内容包括通过以"融通—协同"式中
外合作办学模式推动创新人才培养机制、以多维度、系统化的教学方法手段推
进培养过程改革，但也指出了这个模式在普适性方面具有很大的研究空间问
题。中国—东盟法律研究中心副秘书长、西南政法大学国际法学院副院长宋
云博副教授结合西南政法大学的情况，对我国法学教育的国际传播从中国视
角进行了分析，指出法学教育的国际传播作为国家治理的基本工具之一重要
性，强调法律法学教育是世界各国文明交流互鉴的重要途径，并且提出，国际
法学教育国际推广，可以分两个层面，第一是走出去，第二是引进来。西南政
法大学国际法学院讲师屈晓濛博士以《涉外法治人才培养模式的创新》为题，
提出了涉外法治人才的要求，指出了涉外法治人才培养的问题，并给出了涉外
法治人才培养模式的举措，包括设立国际法本科专业，完善国际法课程设置；
探索法学与外语的有机结合路径，提升学生跨文化交际能力；完善实践教学模

式,丰富实践教学方式。西南政法大学经济法博士生张闽以《做大视野、厚情怀、通合作、精专业的法律人》为题,探讨中国—东盟合作背景下法律人将走向何方的问题,提出在中国—东盟进入全面战略伙伴关系这一新的历史起点上,年轻的学子应参与到涉外法律服务之中并贡献自己的一份力量,年轻的学子对涉外法律人才培养的追求和向往,是未来的希望。主持人黄锡生院长对重庆大学法学院中外合作办学的历史发展、运行模式、取得的成效进行了经验分享。

第二专题发言结束后,由山东大学(威海)法学院院长肖金明教授进行总结点评。肖教授通过法律教育的专业推介和经验共享强调,与不同的法系的制度文化背景的法学教育应当加强交流合作,建设法学教育的开放性,在本土化的过程当中,一定要保持法学教育的开放性,促进观念促进和经验的贡献。他提出,要弘扬人类的共同价值,共建人类命运共同体,创新以联合国为中心,以国际法为基础的全球治理体系和治理秩序,以及共同应对各种风险和挑战,要根据法治人才的需要,加强法制教育的观念和经验共享,并在其中贡献在中国方案与中国经验。

第三个专题"国际法律人才培养合作机制"的发言,由西南政法大学教务处处长张建文教授主持。

清华大学大学法学院院长申卫星教授主要介绍了清华大学国际化人才培养方案。他认为要结合新时代三个面向以及国内全面依法治国的主题,在本硕各层次上增加项目。在本科方面主要设立法学国际班,创立了两年的项目,培养既懂中国法律又懂英美法系的人才。在硕士方面,创立了三个项目,包括仲裁及争端解决、国际知识产权以及计算法学。并且未来希望借东盟论坛吸引更多的学生,推荐一年制项目,来学习中国法律。北京大学法学院院长助理陈一峰副教授主要介绍了北大法学院关于国际法律人才培养的若干探索和经验。主要包括法学教育的国际化、全球化。他提出要学会比较、学会跨国研究,探讨如何让法律人承担积极有为的角色。他指出,北京大学法学院国际化法律建设的重点是要培养具有国际视野、跨文化能力的学生,为此该校开展的法学教育国际合作主要有讲座、研讨、出访等,以及英文课程的建设、学生国际赛事等,并组织学生前往海外实习以及增加学生国际交流机会,使学生打开国际视野,同时还开展了"全球教席"项目,加强国际化支持团队建设。北京外国语大学法学院院长米良教授的发言认为法律人才培养是基于大变局之下、对外交及经贸、特别是"一带一路"的健全情况下提出来的。他提出我国的人才是不少的,但是在联合国国际组织的人员数量与我们的地位是不匹配的,比例偏低。他提出北京外国语大学主要采用充分结合外语优势的发展战略,学校开设有多种"语言＋法律"的本科生课程,并定制专门的培养方案,其满足了国家对人才的需要。缅甸仰光大学副校长钦祺祺教授首先介绍了仰光大学的历史,简要介绍了法学教育、法学院校区、远程教育教学,阐明了仰光大学本科、硕士、博士法学方面长期开展英语教学,她也指出了目前缅甸法学教育存在的问题,主要体现在合格的人力资源、教学方法与设备两个方面,并提出了相应的改进措施,例如改进文化设施、更为有效的国际合作、更有资质的教学人员等。西北政法大学国际法学院院长刘亚军教授主要介绍了两个问题:差异化培养问题以及联合培养问题。差异化培养主要包括涉外法治人才培养以及涉外律师人才培养,虽然其主要原因为院校背景不同,例如有政法特色院校,以及政法＋财经院校,西南政法大学主要与东盟结合,而西北政法大学更多的是与中亚结合,但其中最核心的问题是政治立场坚定。在联合培养方面,主要包括高校＋实务部门以及境内＋境外。在高校＋实务部门方面,要充分尊重人才培养部门的利益,在境内＋境外方面,在疫情防控期间,要更多地通过线上培养,能有更多的境外学习机会。湘潭大学欧爱民教授(连光阳教授代)的发言主要从培养意义、培养成绩、培养方式几个方面对强化涉非法律人才培养进行阐述。首先他认为,强化涉非法律人才培养是深化中非合作的重要动力,为要推动完善非洲法律课程体系,提高课程综合性,同时也要扩大非洲法专业研究生招生规模,加快推进我国涉非法律人才培养,充分发挥现有中非法律交流合作机制平台作用,共同建设实践教学平台机制。最后希望能为后疫情时代的中非法学教育合作贡献新思路、新方案。越南胡志明经济法律大学法学院院长阮氏鸿蓉教授主要介绍了国际法制人才培养的合作机制。其首先介绍了越南胡志明经济法律大学的法学院,内容包括其教学规模以及法律合作项目。其次他提出了其人才要求,包括科研活动、外语水平、领导才能、团队合作以及独自解决问题的能力。再次提出了国际法律人才的要求,例如很高的外语水平、法律学习、制定更好的规则等。最后,其提出了开展国际法制人才培养的建议,交换生项目实现学分互认、开展国际研讨会、疫情后开展更多线下项目、开展"2＋2"双学位项目等。四川大学法学院院长左卫民教授主要以建设涉外法治、培养法治人才为主题,介绍了在涉外法治与国外法治并重的背景下,四川大学做的 3 件事,包括选取 30～40 名学生,开展涉外法治人才语言教学;发挥综合性大学背景,与四川外国语大学开展双学位教学,培养本科双学位人才;依据西部涉外法律实务部门的需求,定制培养相关人才,开展专项培养班。左教授提出相关问题以供培养涉外法治人才的思考:把法律人才推向国外;或者为本国培养法制人才；或者为本国培养开展外国事务的法律人才。左教授认为，针对涉外人员的培养，我们应该在同一区域内协同培养，也要与国外学校开展协同培养。最后，国内法治人才如何具有涉外法制能力，仍需进行探索。西南政法大学国际教育学院院长、国际交流与合作处处长王怀勇教授以涉外法治人才培养为主题，指出学校通过升学，留学等教育形式，丰富了法治人才培养类型。西南政法大学与四川外国语大学开展了联合培养双学位项目，将充分发挥两校优势，探索以国别法为导向的双语双法项目，与东盟国家联合培养了具有国际视野的国际法治人才。学校重点围绕 5 个方面开展培养，形成全链条模式，一体化考虑本硕博人才，围绕国际政治、争端、贸易等专业化领域，形成多重主体共同培养模式，打通瓶颈，强化实训模式、通过模拟等方式创新多元培养模式，培养卓越人才。复旦大学法学院副院长陈力教授介绍了复旦大学对涉外法制人才培养的探索和实践，主要依托于区位优势和大学特色，建立院际合作关系，以及学校层面的交换项目，培养目标为德法兼修、国际视野、宽口径，特别是复旦大学与德国廉斯坦茈法学联合专题研究会以及双硕士国际班的情况等，以及课程设置及教材研究情况，提出学术与实践融合并进。华东政法大学国际法学院副院长许凯教授主要探讨了国际法律人才培养的瓶颈与探索。他首先简单介绍了华东政法大学现有的教师规模与学生规模，其次提出了华东政法现有的国际化课程能满足全校全英法律课程要求，国际法模拟竞赛具有完善机制，在国际交流方面包括学校与国外项目及学院与国外项目。最后他提出了两个问题的探讨：第一，从学生与学院角度讲，光到国外学习不等于国际化；第二，只去英美国家，是"法律＋外语"的误区。南开大学法学院副院长宋华琳教授以涉外法制人才培养与法学教育改革为主题，首先提出南开大学法学院历史悠久，如今已出版国际法马工教材，邀请国外高校教授举办讲座，有着鲜明的学术特色，例如比较法研究。他介绍南开大学的法治人才培养不仅定期开展国际法相关课程，还致力于推动国内法课程建设与改革。

第三专题发言结束后，由四川外国语大学国际法学与社会学学院党总支书记陈功教授进行总结点评。陈功教授对上述嘉宾的发言分别做了点评，对嘉宾们阐述的内容表示了肯定。同时陈教授也通过分享川外相关涉外法律人才经验，阐述语言在法律实践活动中的优势体现，介绍了川外在外语同哲学等其他学科方面共同培养。在此方面，川外共同推进国际合作教育与国内高校合作教育，设立了多所语言中心，如俄语、法语中心等，并且在海外，如俄罗斯等国家也建立了语言中心。她也介绍了川外国际法学与社会学院的发展历程,在学术研究、教学培育等方面获得了显著成果,包括着眼于国际法学与社会学的培养,学生在相关比赛中取得了优异的成绩,如2021届领军杯涉外模拟法庭全英辩论赛也在川外成功举行。

四、论坛基于中国—东盟全面战略伙伴关系建立向全世界发出了《中国—东盟法治研究与人才培养共同体升级倡议》

2021年恰逢中国—东盟建立对话关系30周年。30年同舟共济,中国—东盟关系业已成为亚太区域合作中最为成功、最具活力的典范,成为推动构建"人类命运共同体"的生动例证。中国与东盟正式建立起全面战略伙伴关系。为持续增进中国与东盟法治研究与人才培养交流合作的深度与广度。本次论坛将向全世界发出以下倡议:

第一,共同深化论坛的平台建设。将"中国—东盟法学院院长论坛"正式升格为"中国—东盟法治论坛",涵盖高校、政府及司法部门、法律服务机构及行业协会、企业,打造法治经验分享和法学教育合作交流的重大平台;

第二,共同推动法治经验的分享交流。共同开展诸如法治课题研究、智库交流、征文、训赛等系列活动。组织《中国—东盟法律评论》和法律研究及案例专编著的出版、"年度中国—东盟法学教育合作交流新闻"、"中国—东盟法律服务典型案例宣传"等活动,以服务本区域法治经验的分享与传播;

第三,推动域外法查明服务合作。中国—东盟法律研究中心建设有东盟法律数据库及查明服务中心,同时提供东盟国家适用中国法律的查明服务工作。为此,需要加强共建,共同促进中国—东盟双向法律查明服务的工作,以适应中国与东盟合作交流发展的需要,促进国际化法治营商环境的建设需要;

第四,推动论坛常态化机制建设。推动"中国—东盟法治论坛"常态化运行和轮值主办。论坛秘书处设在"中国—东盟法律研究中心",主要负责开展论坛举办的日常工作与合作项目统筹推进工作,逐步推动依托东盟高校、法律组织设立本论坛国别秘书处。

图书在版编目（CIP）数据

中国—东盟法律评论. 第十三辑 ／ 张晓君
主编. -- 厦门：厦门大学出版社，2022.11
ISBN 978-7-5615-8515-3

Ⅰ. ①中… Ⅱ. ①张… Ⅲ. ①法律－中国、东南亚国
家联盟－文集 Ⅳ. ①D92－53②D933－53

中国版本图书馆CIP数据核字(2022)第021839号

出 版 人	郑文礼
责任编辑	李　宁　郑晓曦
美术编辑	李嘉彬
技术编辑	许克华

出版发行	厦门大学出版社
社　　址	厦门市软件园二期望海路 39 号
邮政编码	361008
总　　机	0592-2181111　0592-2181406(传真)
营销中心	0592-2184458　0592-2181365
网　　址	http://www.xmupress.com
邮　　箱	xmup@xmupress.com
印　　刷	厦门市明亮彩印有限公司

开本	720 mm×1 000 mm　1/16
印张	10
插页	3
字数	175 千字
版次	2022 年 11 月第 1 版
印次	2022 年 11 月第 1 次印刷
定价	68.00 元

厦门大学出版社
微信二维码

厦门大学出版社
微博二维码